Todos los libros de Linkgua Ediciones cuentan con modelos de Inteligencia Artificial entrenados por hispanistas. Pregúntale al chat de tu libro lo que desees acerca de la obra o su autor/a.

Para ebooks: Accede a nuestro modelo de IA a través de este enlace.

Para libros impresos: Escanea el código QR de la portada con tu dispositivo móvil.

Obtén análisis detallados de nuestros libros, resúmenes, respuestas a tus preguntas y accede a nuestras ediciones críticas generativas para una experiencia de lectura más enriquecedora.

La transparencia y el respeto hacia la autoría de las fuentes utilizadas son distintivos básicos de nuestro proyecto. Por ello, las respuestas ofrecen, mediante un sistema de citas, las fuentes con las que han sido elaboradas.

Autores Varios

Derroteros y viajes a la ciudad encantada
Edición de Pedro de Angelis

Barcelona 2024
Linkgua-ediciones.com

Créditos

Título original: Derroteros y viajes a la ciudad encantada.

© 2024, Red ediciones S.L.

e-mail: info@linkgua.com

Diseño de cubierta: Michel Mallard.

ISBN rústica ilustrada: 978-84-9897-379-2.
ISBN tapa dura: 978-84-9953-833-4.
ISBN ebook: 978-84-9953-486-2.

Sumario

Créditos   4

Brevísima presentación   7

Derroteros y viajes a la ciudad encantada, o de los Césares que
se creía existiese en la cordillera, al sur de Valdivia   9

Discurso preliminar a las noticias y derroteros de la Ciudad de
los Césares   11

Derrotero   19

Carta   29

Capítulo   41

Derrotero   45

Relación   51

Copia   67

Nuevo descubrimiento preparado por el gobernador de
Valdivia el año de 1777   71

Declaración   75

Informe   77

Libros a la carta   119

Brevísima presentación

Pedro de Angelis publicó en 1836 *Derroteros y viajes a la Ciudad Encantada, o de los Césares*, que se creía existió al sur de Valdivia. Angelis recopiló una gran cantidad de crónicas que dan una idea de una ciudad inventada, un paraíso perdido, un nuevo El Dorado Austral.
En su introducción Angelis, nos acerca a su visión personal sobre algunos aspectos oscuros de la época colonial...

Bajo el imperio de estas ilusiones, acogían todas las esperanzas, prestaban el oído a todas las sugestiones, y estaban siempre dispuestos a arrostrar los mayores peligros, cuando se les presentaban en un camino que podía conducirlos a la fortuna. Es opinión general de los escritores que han tratado del descubrimiento del Río de la Plata, que lo que más influyó en atraerle un número considerable y escogido de conquistadores, fue el nombre. Ni el fin trágico de Solís, ni el número y la ferocidad de los indígenas, ni el hambre que había diezmado a una porción de sus propios compatriotas, fueron bastantes a retraerlos de un país que los brindaba con fáciles adquisiciones.

Derroteros y viajes a la ciudad encantada, o de los Césares
que se creía existiese en la cordillera, al sur de Valdivia

Discurso preliminar a las noticias y derroteros de la Ciudad de los Césares

Pocas páginas ofrece la historia, de un carácter tan singular como las que le preparamos en las noticias relativas a la «Ciudad de los Césares». Sin más datos que los que engendraba la ignorancia en unas pocas cabezas exaltadas, se exploraron con una afanosa diligencia los puntos más inaccesibles de la gran Cordillera, para descubrir los vestigios de una población misteriosa, que todos describían, y nadie había podido alcanzar.

En aquel siglo de ilusiones, en que muchas se habían realizado, la imaginación vagaba sin freno en el campo interminable de las quimeras, y entre las privaciones y los peligros, se alimentaban los hombres de lo que más simpatizaba con sus ideas, o halagaba sus esperanzas. El espectáculo inesperado de tantas riquezas, amontonadas en los templos y palacios de los Incas, avivó los deseos y pervirtió el juicio de esos felices aventureros, que no contentos con los frutos opimos de sus victorias, se prometían multiplicarlos, ensanchando la esfera de sus conquistas.

El contraste entre la abundancia de los metales preciosos en América, y su escasez, tan común en aquel tiempo en Europa, y más especialmente en España, explica esta sed inextinguible de oro en los que marchaban bajo los pendones de Cortes y Pizarro. La disciplina militar no era entonces tan severa que enfrenase la licencia del soldado, y escarmentase la prevaricación de los jefes. Nervio principal del poder de los reyes, y ciegos instrumentos de sus venganzas, los ejércitos disfrutaban de la impunidad con que suele recompensarse esta clase de servicios, y ninguna barrera era capaz de contener el brazo de esos indómitos satélites del despotismo. Si hay quien lo dude, contemple la suerte de Roma, profanada por los soldados de un general de Carlos V, casi en la misma época en que sus demás caudillos anegaban en sangre a regiones enteras del Nuevo Mundo.

Ninguna de las pasiones nobles, que suelen agitar el corazón de un guerrero, templó esa sórdida ambición de riquezas, que cegaba los hombres, y los hacía insensibles a los mismos males que sufrían. Los planes que se frustraban eran fácilmente reemplazados por otros no menos efímeros y fantásticos; y las últimas empresas sobrepujaban casi siempre en temeridad a las que las habían precedido. No contentos con lo mucho que habían disipado, buscaban nuevos recursos para fomentar su natural propensión a los gustos frívolos, cuando no era a los vicios ruinosos.

Bajo el imperio de estas ilusiones, acogían todas las esperanzas, prestaban el oído a todas las sugestiones, y estaban siempre dispuestos a arrostrar los mayores peligros, cuando se les presentaban en un camino que podía conducirlos a la fortuna. Es opinión general de los escritores que han tratado del descubrimiento del Río de la Plata, que lo que más influyó en atraerle un número considerable y escogido de conquistadores, fue el nombre. Ni el fin trágico de Solís, ni el número y la ferocidad de los indígenas, ni el hambre que había diezmado a una porción de sus propios compatriotas, fueron bastantes a retraerlos de un país que los brindaba con fáciles adquisiciones. Pero pronto reconocían su error, y el vacío que dejaba este desengaño hubiera sido abrumante, si no hubiesen tenido a su disposición un «Dorado» y los «Césares» para llenarlo.

Estas dos voces, que son ahora sin sentido para nosotros, fueron entonces el alma de muchas y ruinosas empresas. Los gobiernos de Lima, Buenos Aires y Chile, distrayéndose de las atenciones que los rodeaban, tendían la vista hacia estas poblaciones misteriosas, reiterando sus conatos para alcanzarlas; y las noticias que circulaban sobre su existencia, eran tan circunstanciadas y concordes, que arrancaban el convencimiento. Se empezó por repetir lo que otros decían, y se acabó por hablar como testigos oculares.

De los Césares sobre todo se discurría con la mayor precisión y evidencia. Eran ciudades opulentas, fundadas, según opinaban algunos, por los españoles que se salvaron de Osorno y de los demás pueblos que destruyeron los Araucanos en 1599; o según otros, por los restos de las tripulaciones de los buques naufragados en el estrecho de Magallanes. «La ciudad principal (puesto que se contaban hasta tres) estaba en medio de la laguna de "Payegué", cerca de un estero llamado "Llanquecó", muy correntoso y profundo. Tenía murallas con fosos, rebellines y una sola entrada, protegida por un puente levadizo y artillería. Sus edificios eran suntuosos, casi todos de piedra labrada, y bien techados al modo de España. Nada igualaba la magnificencia de sus templos, cubiertos de plata maciza; y de este mismo metal eran sus ollas, cuchillos, y hasta las rejas de arado. Para formarse una idea de sus riquezas, baste saber que los habitantes se sentaban en sus casas en asientos de oro! Gastaban casaca de paño azul, chupa amarilla, calzones de "buché", o bombachos, con zapatos grandes, y un sombrero chico de tres picos. Eran blancos y rubios, con ojos azules y barba cerrada. Hablaban, un idioma ininteligible a los españoles y a los indios; pero las marcas de que se servían para herrar su ganado eran como las de España, y sus rodeos considerables. Se ocupaban en la labranza, y lo que más sembraban era "ají", de que hacían un "vasto comercio" con sus vecinos. Acostumbran tener un centinela en un cerro inmediato para impedir el paso a los extraños; poniendo todo su cuidado en ocultar su paradero, y en mantenerse en un completo aislamiento. A pesar de todas estas precauciones, no habían podido lograr su objeto, y algunos indios y españoles se habían acercado a la ciudad hasta oír el tañido de las campanas!»

Estas y otras declaraciones que hacían, «bajo de juramento», los individuos llamados a ilustrar a los gobiernos sobre la «Gran Noticia» (tal era entonces el nombre que se daba a este pretendido descubrimiento) excitaron el celo de las autoridades, y la más viva curiosidad del público. Este fervor, y los proyectos de expediciones que le fueron consiguientes, empezaron con el siglo XVII, y continuaron hasta el año de 1781, en que la Corte de España encargó al Gobierno de Chile de tomar en consideración las propuestas del capitán don Manuel Josef de Orejuela, que solicitaba auxilios de tropa y dinero para emprender la conquista de los «Césares». Con este motivo se pasaron al Fiscal de aquel reino nueve volúmenes de autos, que se conservaban en los archivos, para que aconsejase las medidas que le pareciesen más conducentes a llenar los objetos consultados. Este magistrado procedió en su examen con los principios del criterio legal, que no duda de lo que se apoya en declaraciones «juradas, explícitas, concordes» y «terminantes». Las objeciones que se hacían contra estos asertos le parecieron cavilaciones de hombres acostumbrados a dudar de las cosas más evidentes. Puso en cotejo la incredulidad con que se oyeron los vaticinios de Colón sobre la existencia de un nuevo mundo; los muchos e importantes descubrimientos debidos a las solas indicaciones de los indios, y buscó en la historia de los naufragios célebres una explicación fácil al origen de estas poblaciones ocultas.

Hay errores que merecen ser escusados, y en los que pueden incidir los espíritus más rectos y juiciosos: tal nos parece el del Fiscal de Chile. Su convencimiento es completo: no solo creía en los Césares, sino que se esforzaba a que todos les creyesen.

—«Con semejantes atestaciones», exclamaba en su entusiasmo, «parece que ya no debe dudarse de la existencia de aquellas poblaciones». Y realmente ¡cuán peligroso sería en un juez un sistema de investigación llevado hasta la incredulidad y el escepticismo! ¡Cuan insuperables serían las trabas que opondría al curso de la justicia una conciencia «incontentable», que desconfiase de la razón, y protestase contra sus fallos!...

No eran hombres vulgares los padres Mascardi, Cardiel y Lozano, y todos ellos participaron de este engaño, trabajando con ahínco para generalizarlo. Uno de ellos fue víctima de su celo apostólico: —los otros estaban dispuestos a imitarle, por la persuasión en que estaban de hallar un pueblo, falto de los auxilios de la religión, aunque viviese en la comodidad y la abundancia.

Sin embargo, esta justificación de un error que ya no es posible disfrazar, debo esparcir dudas sobre muchos hechos históricos, por más auténticos y calificados que sean. Hay épocas en que la razón se ofusca al contemplar objetos nuevos e inusitados; y expuesto el hombre más juicioso a una serie continua de impresiones violentas, deja de analizarlas, y baja insensiblemente al nivel de las inteligencias vulgares, que todo lo ponderan y admiran. Para cumplir con el precepto del sabio, «nil admirari», se necesita estar en el pleno ejercicio de sus facultades, y haber contraído cierto hábito de dominar sus sentidos, siempre propensos a fascinar, y a engañarse. ¡Cuan distantes estaban los conquistadores de América de este estado de sosiego! Para ellos todo era motivo de arrebato. El espectáculo de un nuevo mundo, de pueblos nuevos, de nuevas costumbres, y más que todo, esas fuentes inagotables de riquezas, que brotaban por todas partes con más prontitud que el mismo deseo de poseerlas, mantenían a los hombres en una dulce y perpetua éxtasis. Sin tomar el opio como los musulmanes, probaban las mismas sensaciones, y les costaba trabajo arrancarse de ellas.

Con estas disposiciones se forjaron tantas mentiras, y se formaron expedientes para acreditarlas. Los casos más inverosímiles, los sucesos más extraños, las declaraciones evidentemente falsas y absurdas, encontraban siempre testigos, y un «escribano» para certificarlas. El que quisiera recopilar estos embustes, formaría una obra voluminosa, y tal vez divertida. Garcilaso, el menos crédulo de sus contemporáneos, no ha podido sustraerse de este embeleso; ya exagerando la sabiduría de las antiguas instituciones del Perú; ya sus tesoros, ya la fecundidad de su territorio. Le habían quedado algunas dudas sobre la magnitud extraordinaria de un «rábano» del valle de Cuáapá, del que había oído hablar vagamente, y se encontró en Córdoba con un caballero español, que acompañaba al gobernador de Chile cuando se trató de reconocer y «probar» este hecho. Este español le dijo, «a fe de caballero hijodalgo», no solo vi cinco caballos atados a las ramas del rábano, sino que comí de él, y lo hallé muy tierno.»

Con este motivo le habló también de un «melón» del mismo valle de Ica, que pesaba cuatro arrobas y tres libras, y del que se tomó fe y testimonio «ante escribano».

—De este modo cundía el fraude por obra de aquellos mismos que debían atajarlo, y se sorprendía la conciencia pública hasta en los documentos auténticos.

La poca instrucción que reinaba en las clases privilegiadas, favorecía estas imposturas, y hacía más difícil su manifestación. La geografía, que debió haber adelantado en proporción de los descubrimientos, quedaba estacionaria; y solo al cabo de muchos años se pensó en reconocer lo que había sido ocupado. De conformidad a los primeros informes sobre la localidad de los Césares, los geógrafos los habían colocado en una abra de la Cordillera Nevada, entre los 45 y 50 grados de latitud austral: y no obstante, había jefes que preguntaban por la «Gran Noticia» a los indios Chiquitos, y otros que la buscaban en las riberas del Atlántico! La gravedad con que el Fiscal de Chile funda su dictamen en 1782, prueba que hasta entonces conservó todo su crédito esta patraña.

La solicitud del capitán Orejuela, que dio mérito a este informe, puede haber sido dictada por un exceso de candor, o por un cálculo de malicia. En ambos casos tiene el mérito de haber dejado concentrado en un solo foco las varias opiniones que se han vertido sobre este asunto, y cuya lectura es más que suficiente para clasificarlas.

De los distintos papeles a que se refiere el Fiscal de Chile, hemos extractado lo que nos ha parecido más conducente a formar el juicio del público, relegando al olvido muchos pequeños detalles que nada hubieran añadido a su convencimiento.

Estos documentos nos han sido franqueados, parte por el señor coronel don José María Cabrer, y parte por el señor doctor don Saturnino Segurola, cuya liberalidad y benevolencia solo podemos retribuir con este testimonio estéril de nuestro agradecimiento.

Buenos Aires, 28 de enero de 1836.

Pedro de Angelis

Derrotero

«De un viaje desde Buenos Aires a los Césares, por el Tandil y el Volcán, rumbo de sudoeste, comunicado a la corte de Madrid, en 1707, por Silvestre Antonio de Roxas, que vivió muchos años entre los indios Peguenches.»

Los Indios de esta tierra se diferencian algo en la lengua de los Pampas del Tandil o del Volcán. Dirigiéndose al sudoeste hasta la sierra Guamini, que dista de Buenos Aires 160 leguas, se atraviesan 60 leguas de bosques, en que habitan los indios Mayuluches, gente muy belicosa, y crecida, pero amiga de los españoles.

Al salir de dichos bosques se siguen 30 leguas de travesía, sin pasto ni agua, y se lleva desde el Guamini el rumbo del poniente. Al fin de dicha travesía se llega a un río muy caudaloso y hondo, llamado de las Barrancas: tiene pasos conocidos por donde se puede vadear.

De dicho río se siguen 50 leguas al poniente, de tierras estériles y medanosas, hasta el río Tunuyan. Entre los dos ríos habitan los indios Picunches, que son muchos, y no se extienden sino entre ambos ríos.

De dicho río Tunuyan, que es muy grande, se siguen 30 leguas de travesía, por médanos ásperos, hasta descubrir un cerro muy alto, llamado Payen. Aquí habitan los indios Chiquillanes. Dicho cerro es nevado, y tiene al rededor otros cerrillos colorados de vetas de oro muy fino; y al pie del cerro grande uno pequeño, con panizos como de azogue, y es de minerales de cristal fino.

Por lo dicho resultan, hasta el pie de la Cordillera, 330 leguas de camino: y las habrá a causa de los rodeos precisos para hallar las aguadas y pasos de los ríos. Pero por un camino directo no puede haber tantas, si se considera que desde Buenos Aires a Mendoza hay menos de 300 leguas, abriendo algo más el rumbo desde aquí casi al poniente con muchas sinuosidades; y el Payen, según el rumbo de la Cordillera, queda al sur de Mendoza.

«Prosigue el derrotero al sur, costeando la Cordillera hasta el valle de los Césares.»

Caminando 10 leguas, se llega al río llamado San Pedro, y en medio de este camino, a las 5 leguas, está otro río y cerro, llamado Diamantino, que tiene metales de plata y muchos diamantes. Aquí habitan los indios llamados Diamantinos, que son en corto número.

Cuatro leguas más al sur, hacia el río llamado de los Ciegos, por unos indios que cegaron allí en un temporal de nieve, habita multitud de indios, llamados Peguenches. Usan lanza y alfanje, y suelen ir a comerciar con los Césares españoles.

Por el mismo rumbo del sur, a las 30 leguas, se llega a los indios Puelches, que son hombres corpulentos, con ojos pequeños. Estos Puelches son pocos, parciales de los españoles, y cristianos reducidos en doctrina, pertenecientes al obispo de Chile.[1]

En la tierra de estos Puelches hay un río hondo y grande, que tiene lavadero de oro. Caminando otras 4 leguas hay un río llamado de Azufre, porque sale de un cerro o volcán, y contiene azufre.

---

1   «Pocos años después que anduvo el autor en aquella tierra, los indios Puelches se amotinaron, y mataron al doctrinero Jesuita. No se sabe si fueron muchos los culpados, pero sabiendo que entraba gente de Chiloé a castigarlos, desampararon su reducción, y se huyeron: de modo que la expedición de Chiloé no tuvo más efecto que haber averiguado dicha huida».

Por el mismo rumbo, a las 30 leguas, se halla un río muy grande y manso, que sale a un valle muy espacioso y alegre, en que habitan los indios Césares. Son muy corpulentos, y estos son los verdaderos Césares.

Es gente mansa y pacífica; usa flechas, o arpones grandes, y hondas, que disparan con mucha violencia: hay en su tierra muchedumbre de guanacos que cazan para comer. Tienen muchos metales de plata, y solo usan del plomo romo, por lo suave y fácil de fundir. En dicho valle hay un cerro que tiene mucha piedra imán.

Desde dicho valle, costeando el río, a las 6 leguas se llega a un pontezuelo, a donde vienen los Césares españoles que habitan de la otra banda, con sus embarcaciones pequeñas (por no tener otras), a comerciar con los indios. Tres leguas más abajo está el paso, por donde se vadea el río a caballo en tiempo de cuaresma, que lo demás del año viene muy crecido.

En la otra banda de este río grande está la ciudad de los Césares españoles, en un llano poblado, más a lo largo que al cuadro, al modo de la planta de Buenos Aires. Tiene hermosos edificios de templos, y casas de piedra labrada y bien techadas al modo de España: en las más de ellas tienen indios para su servicio y de sus haciendas. Los indios son cristianos, que han sido reducidos por los dichos españoles. A las partes del norte y poniente, tienen la Cordillera Nevada, donde trabajan muchos minerales de oro y plata, y también cobre: por el sudoeste y poniente, hacia la Cordillera, sus campos, con estancias de muchos ganados mayores y menores, y muchas chácaras, donde recogen con abundancia granos y hortalizas; adornadas de cedros, álamos, naranjos, robles y palmas, con muchedumbre de frutas muy sabrosas. Carecen de vino y aceite, porque no han tenido plantas para viñas y olivares. A la parte de sur, como a 2 leguas está la mar, que los proveen de pescado y marisco. El temperamento es el mejor de todas las Indias; tan sano y fresco, que la gente muere de pura vejez. No se conocen allí las más de las enfermedades que hay en otras partes; solo faltan españoles para poblar y desentrañar tanta riqueza. Nadie debe creer exageración lo que se refiere, por ser la pura verdad, como que lo anduve y toqué con mis manos.

(Firmado.) «Silvestre Antonio de Roxas.»

Dicho Silvestre se embarcó para Buenos Aires en los navíos de don José Ibarra, el año de 1714. La copia de su carta o memorial está autorizada por don Francisco Castejón, secretario de Su Majestad en la Junta de guerra del Perú, con fecha de 18 de mayo de 1716, para remitirla al Presidente de Chile, de orden del rey.

Los más tienen por falso lo que contiene dicho informe. No me empeño en justificarlo; pero me inclino a que es cierto lo principal, de haber tal ciudad de españoles, más hacia Buenos Aires, o el estrecho de Magallanes, y lo fundo en las razones siguientes.

La primera es, que el autor, después de referir al rey su historia, asegurando que los Peguenches lo cautivaron en la campaña de Buenos Aires, yendo a una vaquería con un don Francisco Ladrón de Guevara, a quien y a su comitiva mataron dichos indios, añade, que el haber salido de entre ellos, estimulado de su conciencia para morir entre cristianos, y restituirse a su patria, dejando las delicias del cacicazgo, fue también para informar de dicha ciudad al rey Nuestro señor, lastimándose mucho de la poca diligencia que para su descubrimiento hicieron en los tiempos pasados los ministros, a quienes los reyes, sus antecesores, le habían encargado.

Silvestre Antonio de Roxas no es nombre supuesto; porque don Gaspar Izquierdo afirma que lo conoció en Cádiz, en tiempo que le comunicó en sustancia lo mismo; y se lamentaba del poco caso que se había hecho de materia tan importante. Que el dicho Roxas, aunque fue pobre de Buenos Aires, con dinero que heredó de un hijo suyo en Sevilla, había comprado armas con que armar una compañía de soldados de a caballo para el dicho descubrimiento, y las volvió a vender.

Que no era imaginario dicho informe, se deduce de que su copia simple me la prestó en Chile don Nicolás del Puerto, general que fue de Chiloé: quien me afirmó, que, en virtud de este informe, se escribió a los Césares, el año de 1719, por un señor Oidor, de quien era amanuense dicho don Nicolás, y por orden de aquella Real Audiencia, una carta que un indio ofreció levar, y volver con la respuesta. Esta carta yo la vi, cuando el tal indio estuvo en esta ciudad de Buenos Aires a pedir a su Señoría algún socorro de caballos, que no se les dieron, y solo se le ofreció regalarle si conseguía carta de los Césares, y la traía a su Señoría antes de llevarla a Chile.

Que el dicho indio fuese embustero, es posible; pero don Nicolás del Puerto cree que lo mataron los indios Puelches, u otros; porque en la entrada que se hizo de Chiloé por el alzamiento de dichos Puelches, pareció en poder de un indio no conocido, la carta referida, que él reconoció en Chiloé por ser de su letra. También me informó dicho don Nicolás del Puerto, que en ocasión de hallarse en Chiloé, y en el estrecho de Magallanes, en un brazo de mar que entra tierra adentro, sacando los españoles de un navío que se le perdió, un indio de aquella tierra, a quien tomó afición, le comunicó, con gran encargo del secreto, que por esta parte de la Cordillera había un pueblo de españoles; pero que los indios no querrían que se supiera, y que si sabían que él lo había descubierto a algún español, lo matarían sin duda.

Dicho don Nicolás del Puerto me hizo relación de que este indio aseguraba, que aquel brazo de mar se juntaba a otro, que cree ser el estrecho de Magallanes, por donde fácilmente se podía navegar a dicho pueblo de españoles. Añade el mismo don Nicolás, que los vecinos de Chiloé desean hacer el descubrimiento, sin embargo de lo necesario que sería rodear en la Cordillera para hallar un camino; pero que solo lo impide su mucha pobreza; y que le parece que se empeñarían en 2 o 3.000 pesos, si se les anticiparan para los avíos del viaje.

Las tradiciones que hay en Chile, de lo que declararon allí dos hombres que salieron de dicho pueblo, a los treinta años de fundado, acreditan que no es fábula, y se conforman con el derrotero de Silvestre Antonio de Roxas. Porque dicen, que habiéndose perdido el navío en la altura de 50 grados, salieron a tierra con lo que pudieron salvar y cargar; y caminaron seis u ocho días al nordeste, hasta un paraje, donde se asentaron y poblaron, por haber sujetado allí, y rendídoseles más de tres mil indios con sus familias.

Y suponiéndose, por vía de argumento, que declinaron uno y medio grados del polo, quedaron en 48-1/2 de la equinoccial. Buenos Aires está en 34 grados, 36' y 39», la diferencia es 13 grados 53' y 21», que por ser el rumbo de nordeste al sudoeste, con poca diferencia, viene como un tercio, y habría de distancia 31 grados, leguas poco más o menos. Si se atiende a las 48 leguas que Silvestre Antonio de Roxas pone desde el Payen hasta los Césares, caminando de norte a sur, con los 33 grados que refiere hay de Buenos Aires al Payen, no se diferencia mucho de lo que tendrá la mitad del camino, y de lo que aumenta el rumbo del poniente: porque lo demás que cae en las pampas, alejándose del sudoeste, que es como quien endereza al mismo estrecho, queda del camino de dicho derrotero cerca de la mar, otro tanto cuanto hay por el cabo de San Antonio en la boca del Río de la Plata.

También se ignora si después mudaron dichos dos hombres su población más al nordeste, porque entonces quedarían más cerca de Buenos Aires de lo que estaban al principio.

También se conforma la distancia que hay desde Mendoza hasta el cerro de Payen, con el viaje que hizo al descubrimiento de dicho cerro, el año de 1701, don Nicolás Francisco de Retoña; siendo corregidor de Mendoza; que los que fueron con él regulaban en menos de 150 leguas algunos, y otros en más; estando como está Mendoza al norte de los Césares, distaré 250 leguas de ellos.

En dicho año de 1701, entrando don Juan de Mayorga a recoger ganado desde la Punta del sur, estando muy tierra adentro, se infiere llegaría hasta cerca de 100 leguas de los Césares. Aseguran en Mendoza, que fue a buscarle un indio de aquellas cercanías, trayéndole dos caballos ensillados a la gineta, y dijo eran de dos caballeros que habían salido de los Césares en busca de españoles, y que los indios de la facción, de que era cacique, inadvertidamente los habían muerto.

Fuera de otras noticias confusas, que mal explicadas de unos en otros indios, han llegado en varios tiempos a Buenos Aires, este año de 1740, examiné con industria a un indio de los de la Cordillera de Chile, llamado Francisco, a quien los indios, que acá llamamos Césares, habían traído muy muchacho por esclavo. Preguntándole si era de las naciones Peguenches o Puelches, o de qué nación; contestó, que lo sacaron de su tierra tan niño, que no se acuerda; sino que es muy tierra adentro, más allá de los Peguenches y Puelches, haciendo la seña, como que es a la parte del sueste de los

Puelches, y adentro de la Cordillera, que mira a Chiloé, aunque no sabe dar razón de dicho Chiloé.

Pero, preguntado si cerca de su tierra está la de los indios que llaman Césares; respondió, que estaban cerca de allí; pero más cerca de Buenos Aires. Y preguntado, si en su tierra oyó decir que cerca de los indios Césares había una población de españoles; contestó, en propios términos, que era cierto que había españoles, pero que estaban más acá de los indios Césares, hacia la mar, y que la gente de aquellos parajes, inmediatos a los Césares, tienen vacas y caballos, como los españoles de por acá. Añadió dicho indio, que los indios de aquellas partes no quieren que se oiga que hay tales españoles.

Esto indio lo conocí mucho, por haberme servido en el viaje a Chile, a fines del año de 1738. Es de natural silencioso y sencillo, verídico en su proceder, y cuando diese tales respuestas de invención suya, mal podría acaso acertar en circunstancias concordantes con la relación del dicho Silvestre Antonio de Roxas; ni este, si fuese tan embustero, que hubiese en su fantasía fabricado su relación tan adecuada a las tradiciones y a la razón que da el dicho indio Francisco.

Se ha reparado en que Silvestre Antonio de Roxas no expresa en su informe qué modo de cristiandad, uso de sacramentos, y gobierno eclesiástico tienen los españoles Césares, ni qué república y leyes civiles observan; el vestuario y las armas que usan; obrajes y otras circunstancias que calla; ni lo que discurren de los otros españoles de estas partes, de que tal vez tendrán noticias tan dudosas y confusas como nosotros de ellos. Pero este reparo no me hace fuerza, considerando que dicho Roxas entraría por algún acaso a la tierra y ciudad de los Césares, como indio Peguenche, disimulado de los otros indios, y atendió solo a lo visible, sin detenerse en tales particularidades; y por la relación tan sencilla que hace en su informe, se advierte que su cuidado se redujo a informar a Su Majestad ser cierto que había tal ciudad de los Césares españoles.

Muchos, o los más creen imposible que sea cierta dicha relación, arguyendo que de serlo hubieran salido dichos Césares en busca de otros españoles; pero se les responde que no es de maravillar esta omisión en ellos, cuando la nuestra es mayor en no haberlos procurado buscar, sabiendo que hay distancia cierta hasta la costa del mar, que corre desde el estrecho de Magallanes hasta la Bahía de San Julián, en cuyo intermedio es preciso que estén, si no es fabulosa su existencia: y que es de persuadirse que los indios sus comarcanos les ponderarían que es imposible llegar por entre naciones bárbaras, y caminos inaccesibles, a abrir comunicaciones con los demás españoles de estos reinos: porque la política de los indios, aunque bárbaros, será engañarlos, para que no haya motivo de que los españoles los conquisten, y descubran las riquezas de que no quieren usar; lo que observan rigurosamente, solo por ocultarlas a los españoles: por conocer que ni dominación, ni comercio han sido la epidemia de infinidad de indios que habitaban antes las tierras, que al presente tienen pobladas los españoles.

También puede haber entre los tales Césares españoles la política natural de no descubrirse a quienes los domine, para que no alteren el modo de gobierno, y leyes municipales entre sí acordadas, con que puede ser estén bien hallados: pues la parcialidad entre ellos dominante, más querrá carecer de las utilidades que les podía proporcionar la sujeción al rey de

España, que decaer de la autoridad, que pueden pensar establecida en su descendencia.

Ni fuera temerario creer, que como lo hicieron los pocos que empezaron a restaurar de los moros el reino de Aragón, hayan dichos españoles Césares fundado alguna, aunque muy pequeña monarquía, con tales fueros y libertades de los súbditos, y limitaciones de la soberanía, que aborrezcan absolutamente en común la novedad del gobierno, y de las leyes a que no están acostumbrados.

Y suponiendo que aunque haya 350 leguas por mar de aquí al paraje que señala dicho derrotero, se podría a poca costa descubrir con un navío, y una falúa en menos de tres meses de ida y vuelta, y salir de tantas dudas, no deja de ser notable el descuido que hay en esto: y aun cuando no fuese cierta la noticia de dichos Césares, podrían a la venida descubrir con una buena chalupa, las ensenadas y puertos que hay desde el Cabo de San Antonio al estrecho de Magallanes, y sí los dos grandes ríos de las Barrancas y Tonuyan son navegables tierra adentro, con otras circunstancias que pueden ser muy importantes al servicio del rey, y seguridad de esta parte de América: porque sin duda Su Majestad enviaría providencias para asegurar que en ningún tiempo cayesen en poder de extranjeros los puertos de San Julián, y otros que se descubriesen &a.

Carta

«Del padre Jesuita José Cardiel, escrita al señor gobernador y capitán general de Buenos Aires, sobre los descubrimientos de las tierras patagónicas, en lo que toca a los Césares» (11 de agosto de 1746.)

SEÑOR GOBERNADOR Y CAPITÁN GENERAL,
Me alegraré que V.S. se halle con la cabal salud que mi deseo le solicita para universal bien de estas provincias.

Estando en esta nuestra estancia de Areco, retirado de la misión de españoles, que no pude proseguir más que por quince días, a causa de la defensa o guerra contra los indios, be recibido respuesta de mi Provincial a la carta que le escribí recién llegado del viaje del mar, enviándole el diario del viaje, y pidiéndole que informase al Consejo Real sobre el celoso y eficaz porte de V.S. acerca de dicho viaje. Contiene la respuesta tres puntos: en el primero me dice estas formales palabras:

—«Haré lo que dice el señor gobernador, de escribir al Consejo, como Su Señoría lo merece, por su celo y eficacia en servicio de Dios, y del rey; que quizá si no hubiese sido por él, nada se hubiera hecho. Yo me alegrara mucho de poder servir a V.S. en cosas de mayorx monta; pues además de otros títulos milita en mi el de paisano.»

En el segundo me pide, que ruegue a V.S. me dé una certificación firmada de los gastos que los tres padres hemos hecho en el viaje, porque así conviene. Ruego a V.S., me haga este favor, como de su benevolencia lo espero: podrá venir esta certificación con él que lleva esta carta, enviándola para eso al Colegio.

En el tercero me dice, atendiendo a mis deseos, que, «luego que halle coyuntura emprenderá el viaje del Volcán, que es sierra distante de Buenos Aires como 100 leguas al sudoeste; para ver si allí hay forma y paraje a propósito para formar un pueblo de indios serranos, que los padres del de los Pampas tienen apalabrados; y penetrar desde allí a los célebres Patagones y Césares, hasta el estrecho de Magallanes. Porque habiéndose frustrado esta empresa por mar, por lo inhabitable de sus costas, como hemos visto, dice que no halla otro modo para esta tan famosa misión, por tantos años pretendida por el ánimo real, y del nuestro, sino principiando por dichos serranos, y prosiguiendo por sus inmediaciones a los inmediatos.» Larga y tarda empresa, por cierto, si así se toma: más pronta y eficaz la espero yo por la actividad, y celo cristiano y real de V.S., especialmente si V.S. considera bien lo que aquí dice.

Sabido es que el Papa, como Vicario de Cristo en la tierra, entregó al rey Católico la América con sus islas, haciéndole tutor de todos sus habitadores, para que como tal procurase su reducción al cristianismo, con su poder, y con el ejemplo de sus vasallos. Penetrado Su Majestad de esta obligación, no cesa, por espacio de tres siglos, de hacer lo posible en cumplirla, ya despachando continuas cédulas a los virreyes y gobernadores, exhortándoles a lo mismo, y prometiéndoles favores a los que se esmerasen en este tan cristiano celo; ya premiando colmadamente a los que en este punto se han adelantado, como se puede ver en las historias de este Nuevo Mundo; ya enviando continuamente ministros evangélicos a su costa, y señalando en casi todas las provincias buen número de soldados que les sirvan de escolta en sus ministerios. Pues además de los muchos que tiene pagados para esto en Filipinas, Marianas y México, en solo la provincia del Nuevo Reino, que comprende solamente desde Panamá hasta el reino de Quito, tiene pagados exclusivamente para este intento cuatrocientos soldados, con sus cabos respectivos, y con sueldo mayor que el de Buenos Aires: y en Buenos Aires tiene pagados para lo mismo cincuenta con su capitán; especificando que hayan de ser para escolta de los padres Jesuitas de la misión de Magallanes y Patagones, que es de aquí al Estrecho. Todos estos soldados, de todas estas provincias, son para solos los misioneros Jesuitas, y no de otra religión. Los cincuenta de esta ciudad de Buenos Aires los señaló Su Majestad desde el año de 1684, de que no dejará de haber cédula en ese archivo; y manda Su Majestad que vayan siempre a obediencia de los misioneros. Así lo refiere don Francisco Javier Xarque, deán de Albarracín, en la historia que escribió de los misioneros del Paraguay, y lo mismo manda que se efectúe en las demás provincias.

Acerca de estas tierras de Magallanes, ha puesto Su Majestad especial empeño; pues habrá poco más de cuarenta años, que envío una misión entera para estas tierras, y en ella venían padres escogidos, de tierras frías, para que mejor pudiesen aguantar los fríos de hacia el Estrecho. Una condesa se hizo protectora especial de esta misión, dio varias alhajas para ella, que están todavía depositadas; y el altar portátil, que en este viaje marítimo hemos llevado, es uno de estos dones. Comenzóse a disponer el viaje, señaláronse soldados, buscábanse víveres, y cuando no faltaba más que caminar, lo deshizo todo el enemigo común, por intereses particulares de algunos. No era vizcaíno el gobernador, ni tenía bríos, eficacia, ni empeño de tal; que si los tuviera, poco hubiera podido Satanás.

Hasta ahora han estado todas esas miserables naciones en manos del demonio, cayendo cada día al infierno. ¿Qué corazón cristiano lo podría sufrir, y siendo próximos nuestros redimidos con la sangre de un mismo rey y señor?

Basta un rastro de cristiandad, sin ser necesario ser recoleto, para mover a compasión a cualquiera, haciéndole poner los medios posibles para ello; especialmente a los que tienen autoridad y poder para hacerlo. Nuestros padres, así de Chile, que es otra provincia, como de aquí, han empleado varios arbitrios; pero como para ello es menester el brazo seglar, y este ha faltado, también han faltado ellos.

Acerca de estas tierras hay más especiales motivos, que acerca de otras, para procurar su conquista, así espiritual como temporal: porque además de haber, tierra adentro, naciones de indios labradores, según se tiene noticia de los de a caballo comarcanos, y también de a pie; estas dos calidades de ser labradores, y de a pie, son, según nos muestra la experiencia, más favorables para recibir el Evangelio, que si fuesen de a caballo, o vagabundos sin sementeras, que es casi imposible el convertirlos.

Además de esto digo, que hay graves fundamentos para creer que hay también poblaciones de españoles, y quizás con algunas minas de oro y plata, lo cual ha dudo motivo a la decantada ciudad de los Césares.

Los fundamentos son estos: el suplemento a la historia de España por Mariana, y los mapas modernos dicen, que el año de 1523, entraron por el estrecho de Magallanes, cuatro navíos españoles: los tres se perdieron en el Estrecho, y el cuarto pasó a Lima. En 1526, fue la flota de Molucas: pereció en el Estrecho la capitana, y las demás pasaron a dichas islas. En 1535, entraron en dicho estrecho algunos navíos, amotinóse allí el equipaje, y los hicieron naufragar. En 1539, entraron otros tres navíos: el primero naufragó, el otro volvió de arribada, y el tercero pasó. Después (no dicen en que año) don Pedro Sarmiento llegó al Estrecho con cuatro navíos para poblar, y hacer escala de los demás, como ahora pretendíamos nosotros. Antes del Estrecho, a la entrada, formó una población con el nombre de Jesús; y en ella dejó 150 hombres de guarnición. Más adelante, en el centro del Estrecho, echó los fundamentos para una ciudad, con el nombre de San Felipe. Todos dicen, que en varios parajes del Estrecho hay leña y agua dulce, y por eso haría allí esas dos poblaciones; las cuales cosas no se encontraron en las costas, antes del Estrecho en los puertos que hay: que si se encontraron con pastos y tierra de sembrar, yo juzgo que hubieran sembrado los españoles.

Pobló, pues, Sarmiento estos dos parajes, y a poco tiempo, por las muchas calamidades, frío, hambre, y no venirle socorro, se volvió a España. Esto dice dicho suplemento y los mapas. ¿Qué se hizo, pues, de toda esta gente, que en tantos navíos se perdió? Se ahogó toda? No por cierto, porque el Estrecho es muy angosto en partes: dicen aun los modernos que es de sola media legua, y por esto es cosa fácil el salvarse los naufragantes. Cuentan que de tres navíos, habiéndose perdido los dos, y volviendo el uno, vio este a toda la gente en la orilla; que aunque le pedían que los llevase, no se atrevió a ello por falta de víveres y de buque, y con toda la gente de los demás navíos perdidos sucedería lo mismo. Presúmese, pues, que toda esta gente habrá emparentado con los indios, y tendrán sus poblaciones a 300 o 400 leguas de aquí.

El que no se haya descubierto en tanto tiempo, no me hace fuerza; pues las Batuecas, en medio de España tan poblada por todas partes, estuvo tantos centenares de años, o sin descubrirse o con muy poca o dudosa noticia de que hubiese tal gente. Y pocos años ha, en medio del reino de México, mucho más poblado de cristianos que estas partes, se descubrió una nación hasta política, de quien existían varias dudas de si la habría o no. Y más arriba de la Nueva Viscaya y del Nuevo México, en donde los mapas antiguos ponen la gran ciudad de Quiriza, de quien se decían tantas o más ponderaciones que las que se hacen de los Césares, y a cuya empresa o conquista fueron tropas españolas, y se volvían cansados de la dificultad, diciendo que estaba encantada (vulgaridad que dicen luego para cohonestar su falta de empeño y constancia), se descubrió la nación de los Pitos, gente efectiva, que vive en ciudades con edificios altos de suelos, y este es el encanto. Con que habiendo aquí más dificultades que en lo dicho, no debe hacer fuerza el que hasta ahora no se haya descubierto. Ni tampoco me hace fuerza lo que dicen algunos, que si hubiera tales Césares o poblaciones, era imposible que alguno de ellos no hubiera venido acá: porque si ninguno de estas partes ha penetrado más que 200 leguas de aquí hasta el río del Sauce, por las dificultades que se han ofrecido ¿qué extraño es que ellos, teniendo menos medios, y quizás sin caballos, no hayan podido penetrar hasta nosotros?

Pero vamos adelante, mostrando más fundamentos. En la vida del santo padre Nicolás Mascardi se dice, que siendo Rector del Colegio de Chiloé, ahora sesenta o setenta años, viendo que en el archivo de una ciudad de Chile había una relación de dos españoles, en que decían que habían salido huyendo del Estrecho por un homicidio que había sucedido en una población de españoles que en dicho paraje había, formada de la gente que se perdió en no navío que naufragó, y cotejando con esta relación las noticias que daban los indios, se determinó a ir en busca de ellos. Encontró en el camino una nación de indios, harto dócil, que le pidió el bautismo. Pasó hacia el oriente. Salió al camino un cacique, que le dio una ropilla de grana, un peso de fierro, y un cuchillo con especiales labores en el puño, y le dijo: has de saber, que tantas dormidas de aquí (así cuentan las jornadas), hay una ciudad de españoles. Yo soy amigo de los de esta ciudad. Por la voz que corre de indios a indios, han sabido, que un sacerdote de los cristianos, anda por estas tierras: desean mucho que vayas allá; y para que creas que es verdad, me han dado estas señas. El padre no pudo penetrar allá, ni ellos pudieron juntarse con el padre por los indios enemigos. Envió dichas señas a Chile, y allí conocieron el cuchillo por su especial cabo, y dijeron que era del hijo del capitán tal (que no me acuerdo del nombre), que años había te había perdido con su navío en el Estrecho. Pasó adelante, donde le dijeron otros indios, que de otra ciudad habían salido en su busca dos españoles vestidos de blanco, que era el traje que allí todos usaban; y que llegando a una gran laguna, no pudieron pasar, y se volvieron. Tampoco pudo penetrar acá el padre. Dijéronle que más adelante había un muchacho, que había estado algún tiempo en una de esas ciudades, y que sabía la lengua de los cristianos: llegó allá el padre, dio con el muchacho, y vio que sabía español, aunque pronunciaba mal. Prosiguió en busca de esta ciudad, y otros indios más bárbaros lo mataron: aunque otros dicen que los mismos que lo guiaban por codicia de los abalorios que llevaba para ganar la voluntad de los que encontraba. Eran su escolta y su guía unos pobres indios traidores, como lo son de genio. Después de la muerte de este padre, por las noticias que de él se adquirieron, resultó el venir la misión de que hablo arriba.

Hay más: un cristiano español o mixto, hizo una relación, que anda por Buenos Aires, en que dice en suma, que llevándole cautivo, o de otra forma, llegó a una de estas ciudades, de que cuenta grandezas, y que en cierto paraje antes de llegar, había un cerro de diamantes, y otro en otro paraje de oro. Un corregidor del Perú, llamado Quirós o Quiroga, cuenta en suma en su relación, que siendo de diez años, estando en Amberes, se embarcó en un navío, y que caminando por las costas de Magallanes, mucho antes del Estrecho, y metiéndose con la lancha por un riacho, saltando a tierra, dieron con él, el piloto, y todos los de la lancha, unos hombres que los llevaron por tierra, y que llegaron a una gran laguna; que allí los metieron en una embarcación, y aportaron a una isla en medio de ella, en donde había una gran ciudad e iglesia, donde estuvieron tres días; que no entendían la lengua; y que al partir les dieron dos cajoncitos de perlas, que se cogían en aquella laguna. Que por señas, y por nombrar rey y Papa, entendieron que les decían que era para ellos: que el piloto como hereje se las llevó para sí: que creciendo, y siendo ya mozo, dio cuenta de todo al consejo, prometiendo señalar la costa del riacho, por donde entraron: que le señalaron cuatro navíos; y que suscitándose en este tiempo la guerra del emperador y Felipe V, se deshizo el viaje, por lo cual pretendió un corregimiento, que consiguió en el Perú. Estas y otras muchas cosas dice en su relación; y se asegura que murió poco ha.

Añádese a esto lo que cuenta una cautiva, que llevada a muy distantes tierras, hacia el sudoeste, encontró unas casas, y en ellas gente blanca y rubia; y que estando ella muy alegre, juzgando ser gente española, se le ahogó todo el contento, viendo que no les entendía palabra. Además de esto los indios están continuamente diciendo, que hay tales poblaciones, y muchos de ellos convienen en que, en medio de una gran laguna hay una gran isla, y en ella desde la orilla se ve una gran población, en la cual descuella mucho una casa muy grande, que piensan ser iglesia; y que otra pequeña está siempre echando humo, y que desde la orilla se oyen tocar campanas: y dicen que desde el volcán (de que hablé arriba) a donde dice, mi Provincial «que yo vaya» hay solamente seis días de camino, al andar de ellos, que es ligero. Estos y otros fundamentos hay para creer que haya dichas poblaciones en este vasto espacio de 400 leguas. Creo que estas noticias están mezcladas con muchas fábulas, mas habiéndose perdido tantos navíos, no puede menos de haber algo de lo que se dice, y que por algo se dijo, pues que «no hay mentira que no sea hija de algo». Lo de no entenderse la lengua es muy factible; siendo aquella población del español corregidor, y la otra de la cautiva, de gente holandesa, o inglesa; que también dicen que se han perdido en el Estrecho navíos holandeses. La historia de Chile por el padre Ovalle trae algunos naufragios de ellos; y también puede ser que algunos españoles con el mucho tiempo, hayan perdido la lengua española, usando la que aprendieron de sus madres indias, con quienes se casaron los primeros. ¿Cuantos hay en el Paraguay, que no saben la lengua española? Y si se conservaran los primeros españoles que se casaron con las indias, sin que ningún europeo fuera allá, no se usara, ni se sabría ya otra lengua que la del indio, y aun con tanta mezcla de europeos, que cada día van allá, la lengua que comúnmente se usa, es la de los indios Guaranís, como en Viscaya la vascongada? ¡Oh cuanto me alegrara que V.S., sin hacer caso de algunos que quieren pasar por críticos y discretos, haciéndose incrédulos a todo, pusiese todo empeño en averiguar este punto, consiguiendo con su eficacia lo que otros no han podido! ¡Cuan de veras le serviría a V.S. en cosa que puede ser de tanto servicio de Dios, y del rey! De Dios, pues si encontráramos españoles, estos, sin sacerdotes tantos años, estarán con muchos errores en la Fe y las costumbres, como el pueblo de las 400 casas, que dice el clérigo agradecido Ordoñez, que encontró hacia Filipinas, de un navío que había naufragado setenta años antes, que tenían su cabildo e iglesia, a donde iban a rezar todos los días de fiesta en lugar de misa, por no tener sacerdotes. Pero cada uno estaba casado con tres o cuatro indias, diciendo que para multiplicarse, y poderse así defender de los indios enemigos, les era aquello lícito (¡qué de teólogos hace la depravada naturaleza!), y tenían otros varios errores. Sin hablar de la docilidad de los indios para el cristianismo, que en tanta variedad de naciones puede encontrar.

Este descubrimiento se podrá hacer con 300 paisanos de esta gente estanciera, sin gastos reales; llevando cada uno cinco o seis caballos, y otras tantas vacas, pues esta gente no gasta pan ni bizcocho. Con caballos y vacas todo tienen, y con solo darles pólvora y bala, de 6 a 7 libras de cada cosa (pues muchos usan lanza) estaba hecho el gasto. Porque hacha, barretas, azadas, palas para hacer pozos a falta de agua, empalizadas para defensa de enemigos, etc.; todos llevarían de sus casas, y cueros para pasar ríos. Si yo, que soy conocido por estas partes, viniera a cada partido, y juntándome cada sargento mayor su gente, les hiciera una exhortación, animándolos a la empresa, poniéndoles delante los grandes bienes que de ella se seguirían al servicio de Dios, del rey, y aun el suyo propio, por lo que se podría hallar de preciosidades a trueque de cuentas de vidrio y otros abalorios, como las lograron los que descubrieron a México y al Perú, y en caso de no hallarse esto, que los tendría V.S. muy en la memoria para sus aumentos; y más si con esto se les leyese un papel en que V.S. les hiciese estas debidas promesas: si esto se hiciese, es factible, que sin más aparato ni gastos, se conseguiría el intento. El viaje debería hacerse por Setiembre, porque de aquí hasta el río del Sauce, por el verano, suele haber falta de agua, y aun de pastos. Desde ahí hasta el Estrecho, dicen les indios que en todas partes hay agua y pastos. Habría de durar seis a ocho meses, si se registrara bien todo: y para tantos meses eran menester cinco reses para cada uno, y con cabos que fuesen de empeño (que si no son escogidos, luego se cansarían), todo se conseguiría, y V.S., además del premio que se le guardaría para la otra vida, lo tendría grande del rey Nuestro señor Nosotros acá no buscamos sino la honra y servicio de Dios, de aquel gran señor, a quien no correspondemos, sino haciendo mucho por Su Majestad, y con solo su honra y gloria estamos contentos.

Si a V.S. no le agrada este proyecto, o si no tuviere efecto el juntar la gente de este modo, puede V.S. discurrir otro con gastos reales, o a costa de particulares, que quieran entrar en la empresa. En todo estoy a las órdenes de V.S., que Dios guarde los años de mi deseo.

Estancia de Areco, y agosto 11 de 1746.

B.L.M. de V.S. su más afecto servidor y Capellán

José Cardiel.

Capítulo

De una carta del padre Pedro Lozano al padre Juan Alzola, sobre los Césares, que dicen están poblados en el estrecho de Magallanes.

Bien sé que en esta materia no faltan fundamentos que absolverían mi juicio de la nota de temerario; pues aquí me ha dicho el señor Rector, que en tu tiempo pasó por Córdoba un flamenco que había salido de los Césares para Chile, porque habiéndose perdido su navío, fue a dar a aquella tierra, de donde lo llevó don José Garro a Europa. Otros mozos se perdieron en la vaquería, y fueron a dar a aquella laguna, en cuya orilla oyeron campanas. El año de 512, salieron, según creo, por la Concepción, algunos de dichos Césares, de los cuales uno entró en Chile en la Compañía; y aun en Chile parece se ha tenido por muy cierto que hay dichos Césares; pues aun el venerable padre Antonio Ruiz de Montoya, en un memorial que presentó a Felipe IV, después de haber estado cuatro años en Madrid, y en el que responde a nueve calumnias contra esta provincia, rebatiendo la segunda, de que los padres ponen mal a los españoles con los indios, en uno de los párrafos en favor de los padres, dice así:

—«A los Césares pretendieron conquistar los españoles. Entraron con grandioso aparato por sus tierras; pero escarmentados en los indios de Chile sus vecinos, no quisieron recibir el yugo. Y no hubo allí religioso de la Compañía, que les hablase mal e indujese a no recibir a los que pretendían conquistarles». Tengo en mi poder dicho memorial, que es de 11 hojas de a folio. Y el año de 1673, entró desde Chiloé el venerable padre Nicolás Mascardi, en busca de ellos; pero le

41

martirizaron en el camino, y un papel que habrá seis años me dio el padre Rillo, dice así:

—«El año de 1711, por invierno, cuando está cerrada la Cordillera, salió a la ciudad de Chiloé, que cae de la otra parte de la Cordillera hacia el estrecho de Magallanes, uno de los Césares españoles, quien hizo relación, de como en un ángulo de la Cordillera, que cae de esta banda, están situadas tres ciudades de españoles, de los navíos que se perdieron en dicho estrecho de Magallanes, viniendo a poblar estas Indias en tiempo de Carlos V; que por eso los llaman «Césares»; (relación que dio un español antiguado), las cuales tres ciudades quiso llamar a una, y la más populosa, los Hoyos, la otra el Muelle, y la tercera los Sauces. Distan según los cosmógrafos, y por relación del dicho, 160 leguas de la ciudad de Mendoza, 140 de la de San Juan Luis de Loyola, 190 de la de San Juan, 286 de Buenos Aires. De Chillan ciudad de la otra banda, de la Cordillera 130 leguas, y 10 de Calbuco, lugar de los Aucaes Chilenos. De manera que dichos Césares, según esta nueva relación, caen tierra adentro, en el centro de la serranía, distante de la costa de Magallanes lo que dichas ciudades, de la provincia de Cuyo, poco más o menos, según ellas distan de la dicha costa. Por la parte del norte, donde está Mendoza, circunda a dichos Césares una laguna de muchas leguas, la que les sirve de fortificación y muro contra las invasiones de los indios caribes, como son los Puelches, Muyuluques y otras naciones. Con algunas tienen contratadas embarcaciones, cambiando a los indios mieses, trigos, legumbres, y ropas, por vacas que pasan embarcadas por la laguna. No tienen otro metal que el de la plata, de que gozan en abundancia, y de él fabrican rejas de arado, cuchillos, ollas, &a. Este hombre César salió a una nación de indios, que llaman, «Cumas de Chiloé», y de allí lo dirigieron a dicha ciudad. Salió a pie, que no usan caballos, como las demás naciones de indios de aquellas serranías. Entróse en la compañía de dichos, en la provincia de Chile, y hoy es coadyutor. En este mismo año de 1711, el general don Juan de Mayorga, vecino de Mendoza, sin tener noticia de la salida de dicho César, por estar cerrada la Cordillera, hizo y juntó gente en dichas tres ciudades de la provincia de Cuyo, por mandado del gobernador y Presidente de Chile, don Juan Francisco Uztariz, y entró por el mes de Setiembre de dicho año a descubrir dichos Césares, con una guía española, que los indios habían cautivado en las vaquerías; y habiendo este tenido noticia cierta de los Césares, por haberlos visto de lejos (aunque no se comunicó con ellos, porque los indios lo impedían), huido de su poder, dio esta noticia a dicho general Mayorga, quien pidió licencia a su Presidente para esta entrada. Y habiendo entrado, como llevo dicho, y dado la primera batalla a los indios, en el camino (donde tomó 200 piezas de las familias de los indios, mató hasta 30 indios guerreros, y apresó algunos), se le amotinó la gente española, diciendo, que los iba a entregar a la muerte, y hacerlos despojos de los bárbaros, y con esto se volvió sin efecto. Y habiendo dado tormento a un indio gandul de los apresados, para que confesase lo que sabía de los Césares, dijo, que sabía eran españoles, y que así los llamaban ellos: y por ser de esta parcialidad, que los había visto, y que siete caciques con siete parcialidades estaban esperando a dicho general y su gente, más acá de la sierra, para matarle con todos los suyos, debajo de palabra de amistad. Hasta aquí dicho papel, que, como dije, me dio el secretario Rillo, y que parece sea de letra del célebre padre Lezana. Pero sea de quien se fuere, lo cierto es, que, aunque no tan menudo en lo que refiere, discrepa poco en la sustancia del de Villaruinas. Y que no se

43

hayan hallado en tanto tiempo los Césares, no es prueba de
que no los hay, como no lo fuera de que no había Canarias,
porque no se hubiesen descubierto hasta los años de 1200;
ni que no había Indias, el no haberse descubierto hasta los
tiempos de Fernando el Católico; ni que no había Batuecos,
el no haberse descubierto hasta el reinado de Felipe II, y esto
estando en el riñón de España. Con todo eso yo no lo creo,
solo envié dicho papel, como antes dije a Vuestra Señoría
Reverendísima, para que se entretuviese en el viaje, para lo
cual cualquier patraña sirve; pero esta no deja de tener su
apariencia de verdad.

Pedro Lozano.

Derrotero

Desde la ciudad de Buenos Aires hasta la de los Césares, que por otro nombre llaman la Ciudad Encantada, «por el padre Tomás Falkner, jesuita». (1760.) Llegando a la ciudad de la Santísima Trinidad, puerto de Santa María de Buenos Aires, y provincia del Río de la Plata, se saldrá de ella, y se caminará por el camino abierto que hay de las carretas, que es el que trajinan los de Buenos Aires a la sierra del Tandil. Hay de esta sierra en adelante indios que llaman Pampas: es un gentío que corre todas las campañas, los cuales suelen hacer algunas hostilidades en las gentes que salen a los campos a vaquear, y hacer faenas de sebo y grasa.

Distante de esta sierra, como cosa de 80 leguas, tirando para el poniente, se hallará otra sierra que llaman Guamini, que está por un lado distante del mar cosa de 2 leguas: tiene esta sierra por la parte del norte una laguna de aguas permanentes muy grande, llamada «Guamini», de donde toma el nombre la misma sierra. En esta laguna se suelen juntar hasta seiscientos, y ochocientos indios Pampas, de diferentes naciones, y solamente en el tiempo de cosecha de la algarroba, para hacer sus paces unos con otros, poniendo sus ranchos al rededor de la laguna, para entrar con tiempo al monte, que dista de allí como cosa de 4 leguas poco más; en cuyo monte hay mucha cantidad de algarroba, de donde se proveen para su mantenimiento, y para hacer la chicha para todo el año, que es la bebida usual que ellos estilan.

Desde esta laguna hasta pasar a la otra parte del monte, hay de travesía, por una parte, 70 leguas, en parte más, y en parte menos: con la advertencia de que en medio de este monte habitan otros indios llamados «Mayuluches», y serán como cuatro o cinco mil por todos; los cuales salen a correr las campañas por la parte del poniente; y es gente muy belicosa, doméstica y amigos de los españoles.

Saliendo de este monte, tirando siempre hacia el poniente, se pasa por unas campañas dilatadas, cuya travesía es de 30 leguas, sin que se halle una gota de agua, por ser la tierra muy arenosa y estéril de todo pasto, donde apenas se encuentra tal cual árbol. Pasado dicha travesía, se halla un río muy grande y hondo, que sale de la Cordillera grande de Chile, y va dando vueltas, atravesando dichas campañas. Este río es profundo, y lleno de barrancas muy ásperas en algunas partes, y por esta causa tiene sus pasos señalados, por donde se pueda vadear; que por eso es llamado río de las «Barrancas». Pasado este río, prosiguiendo por las dichas campañas estériles, siempre siguiendo el mismo rumbo, se encuentra otro río llamado Tunuyán, distante uno de otro 50 leguas por algunas partes. Entre estos dos ríos habitan otros indios llamados Picuncties; son en gran número, los más bravos que hay en todas las campañas, 7 no se extienden a más que entre los dos ríos. Saliendo de este río, «y» siguiendo siempre el rumbo del poniente, se entra por una campaña llena de médanos muy fragosos y ásperos, tierra muy seca «y» estéril. Caminando por entre los médanos, como cosa de 30 leguas, se descubre, mirando al poniente, un cerro grande nevado, muy alto, en forma de columna, llamado el cerro de Payen. En dicho cerro están los indios Chiquillanes; que son muy domésticos y familiares con los españoles, y llegarán al número de dos o tres mil indios. Tiene este cerro grande muchos cerros colorados al rededor, los cuales son todos de metales de oro muy rico, y al pie de este cerro grande, hay otro pequeño, que es de azogue, el cual se presenta como de un cristal muy fino.

Desde este cerro grande se dirige el rumbo al sur, y a cosa de 5 leguas se encuentra un río, llamado el Río Diamante: dicho así porque nace de un cerro negro, pasado de plata; y con muchos diamantes. Más adelante de este cerro negro, como cosa de 5 leguas, se encuentra otro río, llamado de San Pedro. Entre estos dos ríos, esto es, entre el Diamante y el de San Pedro, habitan unos indios llamados Diamantinos, gente de que los más de ellos son cristianos, que se huyeron de los pueblos españoles, por las violencias de los encomenderos. Son estos indios muy labradores, y serán en número de 400. Este río de San Pedro es muy temido de toda clase de indios, por lo fragoso que es, y porque solo tiene unos pocos pasos, por cuanto lo más del año está crecido.

Prosiguiendo siempre el mismo rumbo hacia el sur, a distancia de 4 leguas, se encuentra otro riachuelo, que llaman Estero: llámase también el riachuelo de los Ciegos, por haber habitado allí en tiempos antiguos unos indios que se cegaron de resultas de un temporal grande que hubo de nieve. En este riachuelo o estero habita una multitud de indios, que llaman Peguenches, cuyas armas son lanzas y alfanjes, que usan también todos los demás. Estos indios Peguenches corren hasta la Cordillera Nevada, por la parte del poniente, y por la parte del sur comercian con los Césares o españoles.

Caminando siempre por el mismo rumbo, cosa de 30 leguas más o menos, se encuentran otros indios, llamados Puelches. Estos indios son muy altos y corpulentos, y tienen los ojos muy pequeños: son tan pocos, que no llegan a seiscientos, y son también muy parciales y amigos de los españoles, con quienes desean tener siempre trato. Esta gente está a la boca de un valle muy grande, de donde sale un río muy caudaloso, llamado el río Hondo, el cual es criadero. Dicho río Hondo nace de la falda de unos cerros colorados muy ricos, pasados de oro, y mucho cobre campanil, que es la madre de dicho oro en grano. Estos indios tienen su Cura o Párroco, el cual depende del obispo de Chile, siendo los más de ellos cristianos.

Prosiguiendo siempre al propio rumbo del sur, se encuentra, como a distancia de 3 leguas, otro río que llaman el Río del Azufre, por tenerlo en abundancia; y este río, nace de la raíz de un volcán. Caminando el mismo rumbo, como cosa de 30 leguas o algo más, se encuentra otro río grande, muy ancho, y muy apacible en sus corrientes; y este río nace en la Cordillera de un valle grande espacioso, y muy alegre, en donde están y habitan los indios Césares. Es una gente muy crecida y agigantada, tanto, que por el tamaño del cuerpo no pueden andar a caballo sino a pie. Estos indios son los verdaderos Césares; que los que vulgarmente llaman así, no son sino españoles, que anduvieron perdidos en aquella costa, y que habitan junto al río que sale del valle, en las inmediaciones de los indios Césares; y por la cercanía que tienen a esta nación, les dan vulgarmente el mismo nombre, no porque en la realidad lo sean. Estos indios Césares es gente mansa y apacible: las armas que usan son flechas grandes, o arpones, con que se guarecen y matan la caza, que son los guanacos que hay abundantes en aquellas tierras. También usan estos indios de la honda con que tiran una piedra con gran violencia; y estos indios son los que trabajan en los metales de plomo romo, y lo funden a fuego; y el modo que tienen de fundir así los metales como el plomo, es diferente del nuestro, porque nosotros los españoles lo fundimos en hornillos, y ellos lo funden en otra fábrica que llaman «guayras».

En el dicho valle grande y espacioso, donde habitan estos indios Césares, hay un cerro grande muy alto y derecho, y al pie de este cerro, se encuentra un cerrillo negro muy relumbrante, que parece tener metal de plata, y es de piedra imán muy fina, y hay piedras del tamaño de tres cuartas; y si se buscase, se hallarían más grandes; que es cosa de admiración. Estos indios no trabajan sino en este metal, por ser suave y blando, y no explotan los otros metales ricos de plata: lo uno, porque no los saben fabricar, y lo otro porque no hay azogue, y por esta causa no hacen aprecio de metales más ricos, aunque hay muchísimos.

Saliendo de adentro del dicho valle, por la orilla del río grande, como cosa de 6 leguas abajo, se halla el paso, o portezuela por donde llegan los españoles que habitan de la otra parte del río, con sus embarcaciones pequeñas, que no tienen otras; y como cosa de 3 leguas más abajo, se halla el paso por donde vadean los de a caballo, por el tiempo de cuaresma, como tengo referido, por estar lo más del año muy crecido el dicho río.

* * * * *

«Descripción de la ciudad de los Españoles.»

Esta ciudad, que llaman la «Ciudad Encantada», está en la otra parte de dicho río grande que he referido, poblada en un llano, y fabricada más a lo largo que en cuadro, casi en la misma planta que la de Buenos Aires. Tiene esta ciudad muy hermosos edificios de templos, y casas de piedra labrada, y bien tejadas al uso de nuestra España. En las más de ellas tienen los españoles indios cristianos para la asistencia de sus casas y haciendas, a quienes los propios españoles, con su educación han reducido a nuestra santa Fe Católica. Tiene dicha ciudad, por la parte del poniente y del norte, la Cordillera Nevada, en la cual han abierto dichos españoles muchísimos minerales de oro y de cobre, y están continuamente explotando dichos metales.

También tiene esta ciudad, por la parte del sur hasta el oriente, dilatadas campañas, donde tienen los vecinos y habitadores sus estancias de ganados mayores y menores, que son muchísimos; y heredades para su recreo, con mucha abundancia de todo género de granos y hortaliza: adornadas dichas heredades, con sus alamedas de diferentes árboles frutales, que cada una de ellas es un paraíso. Solo carecen de viñas y olivares, por no tener sarmiento para plantarlos.

También tienen por la parte del sur los habitadores de esta ciudad, cosa de 2 leguas poco más, la mar vecina, de donde se proveen de rico pescado y marisco para el mantenimiento de todo el invierno. Y finalmente, por no ser molesto en esta descripción, digo que es el mejor temperamento, y más benévolo que se halla en toda la América, porque parece un segundo paraíso terrenal, según la abundancia de sus arboledas, ya de cipreses, cedros, pinos de dos géneros; ya de naranjos, robles y palmas, y abundancia de diferentes frutas muy sabrosa: y es tierra tan sana que la gente muere de puro vieja, y no de enfermedades, porque el clima de aquella tierra no consiente achaque ninguno, por ser la tierra muy fresca, por la vecindad que tiene de las sierras nevadas. Solo falta gente española para poblarla, y desentrañar tanta riqueza, que está oculta en aquel país; por lo que ninguno se admire de cuantos a sus manos llegase este manifiesto, porque todo lo que aquí va referido, no es ponderación, ni exageración alguna, sino la pura verdad de lo que hay y es, como que yo mismo lo he andado, lo he visto y tocado por mis manos. Tiene de jurisdicción dicha ciudad 260 leguas, más que menos &a.

Relación

«De las noticias adquiridas sobre una ciudad grande de españoles, que hay entre los indios, al sud de Valdivia, e incógnita hasta el presente, por el capitán don Ignacio Pinuer.» (1774.)

Habiendo, desde mis primeros años, girado el poco comercio que ofrecen los indios comarcanos, y las jurisdicciones de esta plaza, me fui internando, y haciendo capaz de los caminos y territorios de los indios, y especialmente de sus efectos, como es constante a todos los de esta plaza. Con este motivo tenía con ellos conversaciones públicas y secretas, confiándome sus más recónditos secretos, y contándome sus más antiguos monumentos y hechos inmemoriales. Mas entre las varias cosas ocultas que me fiaban, procuré adquirir noticias, que ya, como sueño o imaginadas, oía en esta entre mis mayores; y haciéndome como que de cierto lo sabía, procuraba introducirme en todas, para lograr lo que deseaba. Tuve la suerte muchas ocasiones, que los sujetos de mayor suposición entre ellos, me revelasen un punto tan guardado y encargado de todos sus ascendientes; porque aseguraban que de él pendía la conservación de su libertad.

Esta es la existencia de una ciudad grande de españoles: mas no satisfecho con solo lo que estos me decían, seguía el empeño de indagar la verdad. Para ello cotejaba el dicho de los unos con los informes de los otros, y hallándolos iguales, se me aumentaba el deseo de saber a punto fijo el estado de aquella ciudad o reino (como ellos lo nombran), y tomé el medio de contarles lo mismo que ellos sabían, fingiéndoles que aquellas noticias las tenía yo y todos los españoles por la ciudad de Buenos Aires, comunicadas por los indios Pampas, picados de haber tenido una sangrienta guerra con los mismos Guilliches. Pero que los de Valdivia nos desentendíamos de ellas, temiendo que el rey intentase sacar aquellos rebeldes, en cuyo caso experimentaríamos las incomodidades que acarrea una guerra. Con oír estas y otras expresiones, ya me aseguraban la existencia de los «Aucahuincas» (así los nominan), el modo y trato de ellos: bien que siempre les causaba novedad, como los Peguenches, siendo tan acérrimos enemigos de los españoles, diesen una noticia tan encargada entre ellos para el sigilo; y esto dorado con algunas razones, producidas en lo inculto de sus ingenios: a lo que regularmente les contestaba que de un enemigo vil mayores cosas se podían esperar, aunque no era de las menores el tratarlos de traidores, y de que como ladrones tenían sitiados y ocultos hasta entonces aquellos españoles, privando a su rey de aquel vasto dominio. Este es el arte con que los he desentrañado, y asegurándome de las exquisitas noticias que pueden desearse para la mayor empresa, sin que por medio de gratificación, ni embriaguez, ya medio rematados, ni otro alguno, jamás lograse de ellos cosa a mi intento, antes sí una gran cautela en todas las conferencias que sobre el particular tenía con ellos, cuidaba de encargarles el secreto, que les convenía guardar, pues sus antepasados, como hombres de experiencia y capacidad, sabían bien los motivos de conservarlo. Y si sucedía, como acaeció muchas veces, llevar en mi compañía alguno o algunos españoles, me separaba de ellos para hablar de estos asuntos, procurando salir al campo, o a un rincón de la casa con el indio, a quien le prevenía que callase, si llegaba algún compañero mío, pues no convenía fiar a todos aquel asunto, porque como no eran prácticos en los ritos de la tierra, saldrían hablando y alborotando. Este régimen, y la cautela de no mostrar deseos de saber, sino solo hablar como por pasatiempo de lo que ambos sabíamos, he usado con los indios sobre treinta años, teniendo la ventaja de hablar su natural lengua, por cuyo motivo ejerzo hoy por este gobierno (después de otros empleos militares), el de lengua general de esta plaza, en donde a todos les consta la estimación que hacen de mi aquellos naturales. Así adquirí las evidentes noticias que expongo al Monarca, o a quien hace su inmediata persona, diciendo:

Que en aquel general alzamiento, en que fueron (según antiguas noticias), perdidas o desoladas siete ciudades, la de Osorno, una de las más principales y famosas de aquellos tiempos, no fue jamás rendida por los indios; porque aunque es cierto, que la noche en que fueron atacadas todas, según estaba dispuesto, le acometieron innumerables indios con ferocidad, hallaron mucha resistencia en aquellos valerosos españoles, que llevaron el premio de su atrevida osadía, quedando bastantes muertos en el ataque, con poca pérdida de los nuestros. Pero sin embargo determinaron los indios sitiar la ciudad, robando cuanto ganado había en los contornos de ella, y frecuentando sus asaltos, en los que siempre quedaron con la peor parte. Pero, pasados seis o más meses, consiguieron por medio de la hambre ponerlos en la última necesidad; tanto que por no rendirse, llegaron a comerse unos a otros: y noticiosos los indios de este aprieto, los contemplaron caídos de ánimo, por lo que resolvieron atacarlos con la ayuda de los que acababan de llegar victoriosos de esta plaza; y en efecto hicieron el último esfuerzo, embistiéndola con tanta fiereza que fue asombro. Pero el valor de los españoles, con el auxilio de Dios, logró vencerlos, matando cuantos osaron subir por los muros, donde pelearon las mujeres con igual nobleza de ánimo que los hombres; y aunque vencidos los indios, siempre permanecieron a la vista de la ciudad, juzgando que precisamente los había de rendir el hambre, como tan cruel enemigo. Pero los españoles, cada vez con más espíritu, se abastecieron de cadáveres de indios, y reforzados con aquella carne humana, y desesperados ya de otro recurso, determinaron abandonar la ciudad, y ganar una península fuerte por naturaleza que distaba pocas leguas al sur (cuyo número fijo no he podido averiguar, pero sé que son pocas) en donde tenían sus haciendas varias personas de la misma Osorno, de muchas vacas, carneros, granos, &a. Salieron con sus familias, lo más precioso que pudieron cargar; con las armas en las manos marcharon, defendiéndose de sus enemigos, y sin mayor daño llegaron a la península, la que procuraron reforzarla, y después de algunos días de descanso, hicieron una salida, vengaron en los enemigos su agravio, pues dejaron el campo cubierto de cadáveres, volviendo a la isla no solo con porción de ganado, sino con cuanto los indios poseían, y continuaron fortaleciéndola.

Consta la magnitud de esta península, según la explicación de los indios, como de 30 leguas de longitud y 6 a 8 de latitud. Su situación está en una hermosa laguna, que tiene su principio del volcán de Osorno, y a quien igualmente da agua otro volcán, que llaman de Guancqué; pues aunque este está distante del otro, por el pie de la Cordillera se desata en un río pequeño que camina hacia el sur, y se incorpora en esta laguna, con cuyo socorro se hace formidable. Ella está al pie de la Cordillera, y dista del volcán de Osorno 7 a 8 leguas poco más o menos; y es madre del río Bueno. Es tan grande, que ninguno de los indios da noticia de su término; es profunda, y muy abundante de peces: en ella tienen los españoles muchas canoas para el ejercicio de la pesca, y para la comunicación de tres islas más pequeñas, que hay en medio de dicha laguna o mar, como los indios le llaman. Esta no abraza el contorno de la isla, si solo la mayor parte de ella, sirviéndole de total muro, un lodazal tan grande y profundo, de tal manera que un perro (como los indios se explican) que intenta pasarlo, no es capaz de desprenderse de él. Tampoco este lodazal hace total círculo a la isla; pues por el principal extremo, que es al norte, hay de tierra firme entre la laguna y el pantano hasta veinte y más cuadras (según dicen los indios), y es la entrada de esta grande población o ciudad, siendo la parte por donde se halla fortificado de un profundo foso de agua, y de un antemural rebellin; y últimamente de una muralla de piedra, pero baja. El foso tiene puente levadizo entre uno y otro muro: grandes y fuertes puertas; y un baluarte, en donde hacen centinela los soldados. Según los indios, el puente se levanta todas las noches.

Las armas que usan son, lanzas, espadas y puñales, pero no he podido averiguar si son de fierro. Para defensa de la ciudad tienen artillería, lo que se sabe fijamente, porque a tiempos del año la disparan: no tienen fusiles, para su personal defensa usan coletos. También usan otras armas, que los indios llaman laques, y son dos piedras amarradas cada una en el extremo de un látigo, en cuyo manejo son diestrísimos, y por esto muy temidos de los indios.

La forma o construcción que tiene la ciudad no he podido indagarlo, porque dicen los indios, que nunca les permiten entrar, pero que las más de las casas son de pared y teja, las que se ven de afuera por su magnitud y grandeza. Ignoro igualmente el comercio interior, y si usan de moneda o no; pero para el menaje y adorno de sus casas, acostumbran plata labrada en abundancia. No tienen añil, ni abalorios, por cuyo motivo dicen los indios que son pobres. Hacen también el comercio de ganados de que tienen grandísimas tropas fuera de la isla, al cuidado de mayordomos, y aun de los mismos indios. Ponderando estos la grandeza de que usan, dicen que solo se sientan en sus casas en asientos de oro y plata (expresión de los españoles que salen fuera). También han tenido comercio de sal, esto es, hasta ahora poco la han comprado a los Peguenches, que por aquella parte a menudo pasan la Cordillera, y son muy amigos de estos; como así mismo lo han tenido con los indios nuestros, que llamamos Guilliches, pero ya les ha dado Dios con abundancia un cerro, y proveen a sus indios comarcanos.

Según exponen los indios, usan sombrero, chapa larga, camisa, calzones bombachos, y zapatos muy grandes. Los que andan entre los indios regularmente están vestidos de coletos, y siempre traen armas.

Los indios no saben si usan capa, porque solo los ven fuera del muro a caballo; se visten de varios colores; son blancos, barba cerrada, y por lo común de estatura más que regular.

Por lo que respecta al número de ellos claro está es muy difícil saberlo, aun estando dentro de la ciudad: no por eso dejé de preguntar repetidas veces a varios indios, los que respondieron, considerase si serían muchos, cuando eran «inmortales», pues en aquella tierra no morían los españoles.

Con este motivo me informaron de que no cabiendo ya en la isla el mucho gentío, se habían pasado muchas familias, de algunos años a esta parte, al otro lado de la laguna, esto es, al este, donde han formado otra nueva ciudad. Está a las orillas de la misma laguna, frente de la capital; sírvele de muro por un lado la laguna, y por el otro está rodeada de un gran foso, ignoro si es de agua, con su rebellin, y puerta fuerte, y puente levadizo como la otra. La comunicación de las dos está por mar, por lo que tienen abundancia de embarcaciones. También tienen artillería, y el que en esta manda, está sujeto al rey de la capital. Nada puedo decir con respecto al orden interior de gobierno de aquel rey de la capital; pero sé por varias expresiones de los indios, que es muy tirano: lo que confirma la noticia siguiente.

Habiendo salido de Chiloé un chilote en el mes de octubre de 1773 (no sé con qué destino) llegó a avistar la principal ciudad de aquellos españoles, pasando por medio de los indios, suplicándoles tuviesen caridad de él, pues se veía allí sin saber a donde. Al llegar la noche tocó las puertas de la ciudad (siempre las tienen cerradas) asomóse un soldado, y haciéndole las regulares preguntas, de quien vive, &a. respondió era chilote, y que allí había llegado perdido, y que se hallaba sin saber qué tierra era aquella. A lo que en lengua de indio respondió el soldado, se admiraba de que los indios le hubiesen dejado pasar vivo, pero ya que logró esa dicha se retirase prontamente antes que algún otro le viese (a todos se prohibía llegar allí) o el se viese precisado a dar parte a su rey, quien si lo supiera (así lo relató el chilote a los indios) mandaría buscarlo por cuantos caminos había para quitarle la vida, pues era hombre muy tirano, y que con su gobierno ambicioso tenía a la plebe en la mayor consternación, y esta es voz común de los indios. Volviendo al chilote que escapó del rigor de aquel tirano, y ya entre los indios, algunos de ellos se ofrecieron a acompañarle, pero en la primera montaña, le quitaron la vida: cuya noticia se me trajo por indios de mucha verdad del fuerte de San Fernando, a orillas del río Bueno, luego que sucedió; y esto tiene a los indios llenos de temor. Este suceso del chilote ha dado motivo entre aquellos españoles (persuádome es la plebe) para el empeño de poner señales en el cerro, que llaman de los Cochinos, que es donde se divisa la ciudad principal y laguna, único y más inmediato para llegar a aquella tierra como lo expondré. En este sitio acaece, en lo que no hay duda, que los españoles ponen una espada con zapatos; los indios la quitan, y ponen un machete. Los españoles ponen una cruz; vienen los indios quitan la cruz, y ponen una lanza, toda de palo. Los españoles ponen redondas piedras como balas; y después de estas amenazas de unos y otros, están constantemente hallando los indios en aquel propio sitio del cerro, varios papeles, o cartas puestas en una estaca, cosa que tiene a los indios consternados, pues ni se atreven a quitarlos, ni se apartan de allí, manteniéndose en continua vigilancia, temerosos que algún papel de estos salga entre ellos, y dé en manos de nosotros. Esta noticia y la del chilote, se han divulgado por toda la tierra adentro, y, como digo, se hallan cuidadosos.

Para más asegurarse de nosotros, aquel rey tiene trato anualmente con los indios de su jurisdicción que son muchos, y para explicar su crecido número dicen estos que parecen llovidos, aunque no muy valientes; a quienes tiene tan gratos por estar precisamente a sus órdenes. Tiene caciques al modo nuestro, y uno superior entre ellos con quien tiene más estrecha amistad. Con estos hace sus juntas, convocando también a los Peguenches, con quien conserva gran familiaridad; y así suelen hallarse multitud de vocales en las juntas que hace. El punto de que con mayor esfuerzo se trata con todos aquellos indios, es sobre que no permitan llegar ninguno de afuera por los caminos que tenemos para allá, ni por la Cordillera inmediata a ellos, y que si alguno lo intentase, que lo maten, sin la menor conmiseración. Lo que hace creer se hallan contentos en su retiro aquellos españoles, supongo serán los superiores, y que aquellos signos de papeles, &a. serán de la plebe, que, oprimida, desea sacudir el yugo. Sin embargo cuando por orden de Nuestro excelentísimo señor virrey, don Manuel de Amat, capitán general entonces de este reino de Chile, se emprendió aquella famosa salida para los llanos, que fue terror de los indios, sé de cierto, por varios de estos que me lo aseguraron, fue público en esta plaza, que estando disponiéndose los nuestros para ella, llegó la noticia a aquellos españoles, con la que ordenaron salir a encontrarse con nosotros, no sé con que fin. Estando en estas disposiciones, llegó nuestro campo a orillas de río Bueno, en donde la noche de su llegada tuvo aquel tan notorio ataque, que habiendo oído los españoles de la laguna en el silencio de la noche, a la inmediación de la ciudad, los tiros de los pedreros y esmeriles, salieron a los dos o tres días con 300 hombres, según los indios se explican y tiraron derechos para río Bueno. Al segundo día de su marcha supieron la retirada de los nuestros por los mismos indios, pero con todo no desistieron del empeño de caminar; en cuya vista los indios aquella noche hicieron su consejo, y resolvieron atacarlos a la mañana, y si posible fuese acabarlos: con efecto presentaron la batalla en la que pelearon unos y otros con grande valor, y que duró algunas horas, pues disputaban con iguales armas: murieron un sin número de indios y bastantes españoles, pero quedó el campo por estos, aunque con la muerte de su esforzado capitán. La noticia de esta pelea procuraron oscurecerla, encomendando con pena de la vida su sigilo, para que no llegara a nosotros.

El camino de menos ríos, aunque más dilatado, para aquellas dos ciudades, es el que llamamos de los Llanos, por donde marchó nuestra tropa hasta el río Bueno. Este camino consta de una montaña como de 14 leguas de largo, principia en el río de Anquechilla, en donde tenemos nuestra continua centinela para los indios, y termina en Guequeciona: de ahí hasta el río Bueno no se ofrece montaña ni loma, y sí arroyos pequeños. De Anquechilla al río Bueno, se regulan seis días de camino. Este río es ancho, profundo y sin corriente: de ahí para la ciudad de los españoles es todo llano, hasta llegar al cerro ya dicho de los Cochinos. Este es un bajo, en el que hay muchos cochinos alzados, de los que se aprovechan los españoles, y también los indios. Al pie de este cerro, por la banda de la ciudad, hay dos riachuelos, ambos de vado; el primero llamado Yoyelque, y el segundo Daulluco: este es el más cercano a la ciudad, que dista como 4 leguas, tomando el camino de un pedregal grande, siempre a orillas de la laguna, hasta llegar a la primera fortaleza de foso.

El segundo camino es el que llamamos de Guinchilca, o Ranco: este es más derecho, pero de muchos ríos y arroyos, pues saliendo de la plaza hay el Guaquelque, o Cuicuitelfu, Collitelfu, Guinchilca (se pasan cuatro veces, pero todos son de vado) y río Bueno. Saliendo de Valdivia, hay como 20 leguas de montaña, y termina esta en Guinchilca, en la que hay tres ríos de los dichos. El camino de la dicha montaña es ancho y llano, con algunos malos pasos, fáciles de componer. Lo más fragoso de él se puede andar por el río, hasta un lugar de indios, llamado Calle-calle. Antes de llegar al río Bueno se ofrece una montaña baja, poco espesa, y de pocas leguas, al fin de la cual se da con el Río Bueno. De ahí a poca distancia, siguiendo el camino de los españoles hasta el fuerte de Osorno, caminando al sur, de allí al este, cosa de una jornada, está la ciudad de Osorno, pero enseguida de dicho fuerte al sur, a muy corto trecho, se da con la gran laguna de Ranco que es el asilo de los españoles, y sigue a orillas de ella por el pedregal. Este camino es de carretas, y no hay la pensión de trepar cerro alguno, desde Guinchilca a la ciudad: por él se manejaban antiguamente los de Osorno. En la distancia que hay de Guinchilca a aquel pueblo, se presentan varias ruinas de fuertes pequeños, que según la tradición de los indios eran escala o jornadas, que hacían los que de esta plaza iban a aquella ciudad. Esta es toda la serie de noticias, que de aquella incógnita ciudad he adquirido, a costa de incesantes trabajos, de cuya existencia no me queda duda y en todo tiempo me obligo a mostrar el camino, o caminos que conducen a ella: lo que aseguro por Dios Nuestro señor, y esta señal de la cruz, y mi palabra de honor. Y para mayor prueba de la verdad, expongo a continuación los principales sujetos o caciques, después de otros muchos de menos suposición, que me han asegurado, con algunas noticias más que pongo, dadas por varios que no cito, concordando unos con otros en el modo de decir y explicar lo que de aquella ciudad saben.

El cacique Mariman me aseguró haber divisado la ciudad desde el cerro de los Cochinos, que se halla en la laguna de Ranco, y que sabía eran los españoles de Osorno, que nunca fueron vencidos, que son muchos, y muy valientes. Sabe que por falta de víveres desampararon su tierra, después de haber comido gente muerta, y ganaron aquella isla, en donde encontraron mucho ganado y grano de las haciendas que allí tenían varios españoles acaudalados de la misma Osorno: que la causa de guardar tanto sigilo era porque no los tuviésemos tributarios como en los tiempos antiguos: que están inmediatos a la Cordillera. Que la ciudad desierta está próxima a los españoles, y aun se mantiene murada, que solo han caído las puertas, y de las torres las medias naranjas; que hay otro fuerte de la citada ciudad, mirado con pocas ruinas. Hasta hoy es una isla que hace la misma gran laguna de Ranco al principio de ella, de donde no divisan la población de españoles. Que este fuerte nadie lo habitaba: las armas que usan eran espadas y lanzas: que tienen artillería, porque hacen a tiempos las descargas.

Dos indios de las cercanías de aquellos españoles me exponen igualmente, añadiendo tienen amistad con los indios inmediatos, con quienes hacen sus juntas.

Por el indio Quaiquil supe igualmente, y añadió los había visto: eran corpulentos, blancos y rubios; que la entrada en la isla es por una garganta corta de tierra, que tiene un foso, muralla, puente levadizo, y muchas embarcaciones: que usan espada y lanza, tienen artillería, lienzos y plata, y mucho ganado mayor y menor. Según compendí, su vestuario es musgo, y a lo antiguo; que cuando la función de los Llanos, habían salido a encontrarse con nosotros, pero que los indios les dieron guerra, y que se mandó guardar secreto con pena de la vida.

El cacique Carriblanca, al año de la función de los Llanos, habiendo yo pasado a su tierra, se valió de mí para que le consiguiese la entrada en esta plaza (estaba privado a los de su jurisdicción), para comunicar al señor gobernador ciertos asuntos; y haciéndole cargo del motivo que tenía para no dar paso a la ciudad de los españoles alzados, y porque guardaba secreto en una cosa tan sabida, me respondió, que desde sus antepasados tenía obligación de guardar sigilo, y de negar el camino como dueño de él. Pero que si ya lo habían declarado otros, mal podía negarlo él, y me dio las mismas señas que los otros, añadiendo que del río Bueno a los españoles hay día y medio de caminos y que le dijese a mi gobernador que en el caso de querer reconocerlos, no fuesen tan pocos como el año antecedente, sino que pasase de mil hombres la tropa, pues eran muchos los indios que había. Todo lo que hice presente al gobernador don Tomás Carminate, quien respondió que nada creía de aquello, y que el comisario le decía no convenía viniese a Valdivia dicho cacique; y con mi respuesta que esperaba, dejó de venir.

En el mismo mes, conversando con Pascual, cacique del otro lado del río Bueno, delante de Tomás Silva, vecino de esta plaza, me dio las mismas señas que los anteriores; y expuso que cerca de su casa hay un cerro bajo o loma, de donde no solo se divisa la ciudad, sino hasta la ropa blanca que lavan, y bajado este cerro, habrá 4 leguas de distancia por el pedregal o orilla de la laguna.

El mismo Pascual, a mediados de este año de 1773, hablando con Gregorio Solís, vecino de esta plaza, le contó la serie de señales que he dicho, mostrándole desde su casa el sitio donde las ponen, y añadió, como que le consultaba, ¿qué premio le parecería que le daría nuestro rey, en el caso de descubrir el camino de la ciudad? Que ya consideraba lo harían rico, y capitán de sus tierras, pero que aquello era conversación. Este Solís era hombre de verdad, y muy conocido entre ellos.

El capitanejo Necultripay me comunicó haber estado en varias ocasiones a lo de estos españoles, acompañado de los indios inmediatos a los dichos. Le supliqué me llevase una carta, y me respondió no podía, por los motivos de brujería, que ya dije; y también por ser costumbre entre ellos ir acompañados entre aquellos indios, los que si lo entendieran, le quitarían la vida. Pero que si el gobernador resolvía reconocerlos, iría de guía, y en su defecto a nadie se lo dijese, que él se ofrecía, porque perdería la vida. Noticia que expuse a don Félix Berroeta, gobernador de esta, quien la agradeció mucho, y me encargó continuase con toda eficacia la correspondencia con estos indios, ofreciéndome para el fin del descubrimiento, si era necesario, su caudal. Pero con su muerte se frustraron nuestras ideas. Después de algún tiempo la misma noticia expuse a don Juan Gartan gobernador de esta, quien sin examinar las circunstancias, me dijo que todo lo tenía por fábula. En cuanto a las armas, situación, caudales y vestimenta, coinciden las señales del capitanejo con las precedentes. A los pocos días me vi con el hijo del citado capitanejo, que me expuso lo mismo que su padre, sin haber estado presente cuando su declaración.

Contra, indio de respeto entre ellos, me declaró igualmente que los antecedentes, y que no los ha tratado, mas sabe que hay mucha gente, y de valor, que nunca los han vencido, y sabe son los de Osorno.

Cumilaf, él del otro lado del río Bueno, me aseguró vivía inmediato a los españoles de la laguna, que son acaudalados de plata y ganado; pero pobres en fierro y añil, y que tampoco tiene abalorios, dando las propias señas en situación, armas y caminos.

Guisieyau, expone lo mismo, y añade ha estado dos veces en aquella ciudad: la una vez entró a comprarles ají con los indios inmediatos, y me mostró un caballo que le había vendido por un sable, y la marca que tenía está en cifra. Amotripay y sus hijos lo mismo declararon, sin temor alguno: son indios de respeto entre ellos; viven de la otra parte del río Bueno...

Lancopaguy, lo mismo, y muy por menor de la situación, armas caudales y caminos.

Gedacoy, igualmente, añadiendo era mejor camino el de Ranco por ser más llano, aunque, de más ríos, y todos convienen en esto. También me dijo que la causa de no dar paso los indios por aquel camino, ni admitir conchabados es, porque no vean las ciudades, y tengan noticia por allí de aquellos españoles. Calfuy da noticia hasta del nombre de los caciques, amigos de los españoles. Rupayan da cuenta de la situación, armas, caudales, y de haber encontrado sal.

Artillanca manifiesta lo mismo.

Antipan se explaya más sobre las circunstancias de la laguna y fortaleza de la primera ciudad, y situación de la segunda, y las islas que hay dentro de la laguna.

Paqui dice que sabe están los españoles en aquella isla, y da muchos detalles, los que concuerdan con las exposiciones precedentes.

Todos los citados son entre ellos personas de suposición, para formar total concepto de la verdad que expresan, especialmente combinándose sus declaraciones, como también las de otros indios pobres, y de poca autoridad. Y para que en todo tiempo conste esta información de la incógnita ciudad de Osorno, además del juramento que tengo hecho, me sujeto a la pena que se me quiera imponer, en el caso de no ser cierta la existencia de estos españoles, en el lugar que nomino. Y por ser así, lo firmo en la plaza de Valdivia a tres días del mes de enero de 1774.

Ignacio Pinuer.

Copia

De la carta escrita por don Agustín de Jáuregui, Presidente de Chile, al excelentísimo señor virrey del Perú.

Excelentísimo señor,

Don Ignacio Pinuer, capitán graduado, y lengua general de la plaza y ciudad de Valdivia, me remitió una relación jurada y circunstanciada de las noticias que tenía de personas que en ella cita, de existir a la orilla de la laguna Ranco, madre del río Bueno, distante poco más o menos de 40 leguas de aquella plaza, y tres o cuatro de la antigua desolada ciudad de Osorno, hacia el sur, dos poblaciones de españoles, cuyos causantes insinúa haber sido originados de la expresada ciudad, y que en el alzamiento general del siglo pasado en que destruyeron los indios siete ciudades, se mantuvo esta sitiada mucho tiempo de los bárbaros; pero que al fin consiguieron salir libres, y ocultarse en aquellas inmediaciones en donde se situaron, aprovechándose de las proporciones que ofrece el paraje en que se hallan, resguardados de la misma laguna, y de un lodazal impenetrable; sin quedar más que un estrecho camino que sirve de entrada y salida, de muy fácil defensa; a que han añadido fosos, y rebellines con puente levadizo, libres por esta industria de ser invadidos de los infieles comarcanos, sobre quienes parece que en la actualidad tienen adquirido dominio y subordinación, concurriendo a las juntas a que los citan con la obligación de guardar secreto de su permanencia en aquel oculto destino: que tienen murallas y casas de juncos, alguna artillería y buenas armas. Inmediatamente libré providencia, para que el gobernador de aquella plaza hiciese con toda cautela y reserva información de los hechos expuestos, examinando con la solemnidad del juramento al autor de las noticias referidas, y a los demás que expresaban ser sabedores de ellas. Y supuesto su allanamiento de acreditar la verdad por los medios que proponía, que lo auxiliase en lo posible y preciso: advirtiéndole que para asegurar el asenso a su informe, procurase traer algunas prendas de las particulares que tengan, o de que usen aquellos españoles. Antes de que llegase a manos del referido gobernador esta providencia, recibí las que había dado sobre el mismo asunto, en virtud del aviso de don Juan Enriques, cadete de aquella guarnición, que concordaban en sustancia con lo que dijo Pinuer, acompañándolas con carta de 28 de febrero de este año, en que se incluye una copia que dirigió por el mismo cadete a los que tuviesen el mando de las antedichas poblaciones, a efecto de que supiesen lo inmediatos que estamos los de su nación, y el deseo de descubrirlos y sacarlos de aquel cautiverio, y la felicidad que les proporcionaba la Divina Providencia para el más claro conocimiento de nuestra sagrada religión, incitándoles a la comunicación. Igualmente se comprenden las formalidades legalizadas, y las declaraciones del cadete Enriques y de su ordenanza Baltazar Ramírez, soldado de aquella plaza, de haber llegado a casa del cacique, nombrado Lipique, que vive en la entrada del Rancon, a distancia de 24 leguas de la plaza. Que allí entregó la carta al soldado Ramírez; que éste pasó con ella disfrazado de indio a la del cacique, llamado Limay, 8 leguas más adentro, y que de allí dio la carta al indio, nombrado Quaripangui, para entregarla a los españoles que distan 10 leguas hacia la Cordillera: obligándose, en fuerza de lo que se le gratificaba, a volver con la respuesta dentro de un mes, añadiendo el soldado haberse visto en grande peligro, a causa de un grande trozo de indios que llegaron a lo del citado cacique Limay, con el fin de quitarle la vida, porque sabían ser su solicitud el descubrimiento de los españoles, según lo que había dicho otro soldado, nombrado Marcelo Silva, al cacique Pallaturreo, y otros, y que todos estaban alborotados con este motivo. —El gobernador concluye diciendo, que siempre será necesaria la fuerza, por el empeño con que los indios los ocultan; y aunque por ahora no hay mayor fundamento para asentir a dichas noticias, ni hacer por ellas novedad, llevaré adelante las providencias que faciliten mejor, y den una idea más fundada de lo que haya en realidad. Persuadiéndole desde luego que, a ser ciertas estas poblaciones, serán de las que se solicitaban con el nombre de los Césares, por conformarse las tradiciones de su ubicación con las noticias referidas, de cuya resulta daré puntual noticia a V.E. en la primera ocasión que se presente. Nuestro señor guarde a V.E. muchos años. Santiago

29 de marzo de 1774.

Excelentísimo señor: B.L.M. de V.E., su más rendido servidor.

Don Agustín de Jáuregui.
Excelentísimo señor, don Manuel de Amat.

Nuevo descubrimiento preparado por el gobernador de Valdivia el año de 1777

Salieron del fuerte de Río Bueno dos cadetes, un sargento, el condestable y seis soldados, acompañados de varios caciques de indios; y dirigiéndose hacia el este, a cosa de 34 leguas dieron con la laguna de Puyechué, donde formaron una canoa y pasaron algunos a la otra banda de dicha laguna, que tendrá como 4 leguas de diámetro, y 25 de circunferencia, con nueve islas inhabitadas; la que reconocieron. De este paraje caminando al sur, a cosa de 6 leguas de distancia, hallaron otra laguna, llamada Llavequegue, donde fabricaron otra canoa, en la cual se embarcaron siete para reconocerla, y costeándola por la banda del este, al cabo de tres días llegaron a su fin, al pie de la Cordillera, donde descubrieron un volcán al est-nordeste, cuyo nombre ignoran. Y no hallando más que tremendos riscos y montañas, volvieron al alojamiento de Llavequegue o Llauquehue, y después al Puyechué, a donde llegaron siete días después que los demás.

En este paraje, instando de nuevo a los indios que los guiasen al descubrimiento, quedaron de acuerdo en que seguirían el viaje dentro de tres días. Al cabo de este tiempo, salieron divididos en dos partidas; siguieron viaje por tierra a pie, con sus bastimentos y municiones a las espaldas, ocho soldados con su sargento, y llegaron a la orilla de la laguna de Llavequegue; y hallando la canoa en el mismo sitio en que la habían dejado, pasaron al día siguiente a una punta opuesta, y en el otro navegaron cosa de 2 leguas, hasta un arenal donde desembarcaron. Los indios, acompañados de la otra partida, siguieron adelante, abriendo camino por montañas y cordilleras en todo aquel día, y al siguiente se unieron, y todos juntos pasaron un fuerte temporal, que duró tres días y cuatro noches; y pasado este, siguieron el dos días más de camino, y en el primero, hallándose en un alto de la Cordillera, descubrieron el extremo de una laguna grande, y una tierra baja muy dilatada.

Caminando más adelante, se echaron los indios en tierra, diciendo que no podían más, y viendo que ni por ruegos ni ofertas, pudieron conseguir que prosiguiesen adelante, subieron a un árbol de más de treinta varas de alto, de donde descubrieron una laguna grande de tierra llana y dilatada con una isla en medio, que después dijeron los indios, ser esta la laguna Puraya, y que la isla que tenía se llama Jolten, habitada de indios y españoles. Habrían caminado en los tres días como 12 leguas, según su cómputo, desde la laguna Llauquehuc hasta este paraje, de donde marcaron la laguna de Puraya al sueste; y hallándose sin guía, bastimentos, ni fuerza, determinaron volver al fuerte de Río Bueno.

En la última entrada, acompañados de varios indios, pasaron la laguna de Puñechué, y la de Llauquehuc, donde hallaron sus canoas; y usando de ellas como antes, por la misma derrota llegaron a las señales que les dio el indio Turin, que fueron un pedregal y riachuelo, en cuyo arenal quedaron cinco con cuatro indios por cansados, aburridos y escasos de víveres. Pero siguiendo adelante los demás, declararon unánimes, que después de reconocido el pedregal y riachuelo, no habiendo ya montaña que romper, subieron al volcán de Purarauque, que se forma de pampa de piedra menuda, quemada como escoria, y subiendo hasta la mitad de su altura, ya tocando la nieve, hicieron alto para pasar la noche. Que al día siguiente oyeron tiros de artillería, y saliendo de allí a reconocer con la vista lo que alcanzasen, faldearon el cerro por la izquierda, y guiados por la seña, descubrieron la pampa grande del otro lado con el riachuelo, y una laguna que estaba entre riscos al pie del volcán; pero desfallecidos, por no haber comido dos días, y lastimados los pies de tanto andar, pues juzgan que anduvieron más de 20 leguas, en los nueve días, hasta Puñechué, y de allí todos juntos al Río Bueno.

Generalmente convienen, según las relaciones de los indios, en que hay tales españoles, diciendo algunos que son ingleses, diferenciando algunos en las poblaciones, pero concordes en que son muchos, y en que se defenderán, porque son muy guapos: y los distinguen en dos naciones diversas, expresando que los Morohuincas están muy lejos o retirados, fortalecidos en sitio superior, y unidos con los Peguenches, a quienes hacen sus parlamentos, y aun dicen que tienen noticia que les entran embarcaciones. A otros llaman Aucahuincas, que dicen están junto a la laguna de Puraya: que estos son de Osorno, y que tienen guerra con los Morohuincas.

Declaración

Del capitán don Fermín Villagrán, sobre la ciudad de los Césares. (1781.)

Yo el capitán de dragones de este Real Ejército, y comandante de dicha plaza, don José María Prieto: habiendo tenido orden verbal del coronel de caballería, maestro de Campo, general y gobernador de esta frontera don Ambrosio de O'Higgins, para tomar declaración al capitán de la reducción de Maguegua, don Fermín Villagrán, sobre noticias que ha adquirido en su dicha reducción, por un indio Guilliche, de un establecimiento de españoles, situado en un paraje llamado «Muileu», le hice comparecer ante mí, y le mandé hacer la señal de la cruz, bajo la cual prometió decir verdad, y lo que sabe sobre este asunto, con toda individualidad en cuanto fuese preguntado: y habiéndolo sido sobre qué es lo que sabe del citado indio; dijo:

—Que habiendo pasado a su reducción a dejar al cacique Loncomilla, de resultas de haber bajado éste a ver al señor maestre de Campo de esta plaza, deseoso de averiguar el paradero de ciertas cautivas españolas que tenía noticia paraban entre los Guilliches, habló con un indio de esta nación, llamado Gechapague, a quien preguntó por dichas cautivas, y le respondió, que allí en su lugar no había ninguna. Replicó el capitán que sabía haberlas allí o en otro, y respondió el Guilliche, que en otro lugar de más adentro las había, y que éstas ya los españoles las estaban comprando. Y preguntándole a dicho indio, ¿qué españoles las compraban? Respondió que eran unos que estaban en un paraje nombrado «Milecí». Y preguntándole a dicho indio, ¿qué a donde era ese paraje? Respondió, que a donde entra en el mar el

75

río de «Meuquen» o «Neuquen», a la otra parte de la Cordillera. Y preguntándole, como habían llegado allí aquellos españoles? Respondió, que en cuatro o cinco embarcaciones. Y preguntándole, qué número de gentes españolas había en aquel lugar? Respondió, que habría mil personas. Mas también le preguntó dicho capitán al citado indio, que de qué armas usaban aquellos españoles? Y respondió, que tenían cañones de artillería muy grandes, y que tenían bastantes. Y preguntándole asimismo de qué vestuario usaban? Respondió, que de paño. Y preguntándole, que como, o de que se mantenían allí dichos españoles? Respondió, que luego que llegaron, habían padecido muchas necesidades, y que en el día se bastimentaban por los indios con vacas y caballos que les llevaban a vender; y que los dichos españoles, también salían de diez en diez a tratar con ellos, y hacer este conchabo. Y añadió dicho indio, que los dichos españoles decían, que aquel establecimiento distaba de su tierra ocho días de navegación; y que lo que lleva declarado, no solo lo supo por el indio referido, sino por otros tres más, quienes le relacionaron lo mismo. Y siéndole leída esta declaración, dijo: no tener más que decir, añadir ni quitar a lo que lleva declarado; y que esta es la verdad, so cargo del juramento lo que lleva hecho. En el que se afirmó y ratificó, y firmó junto con migo en dicha plaza, mes y año.

Fermín Villagrán. José María Prieto.

Informe

Y dictamen del Fiscal de Chile sobre las ciudades de los Césares, y los arbitrios que se deberían emplear para descubrirlas. (1782.)

El Fiscal de Su Majestad en lo criminal, en consecuencia y cumplimiento del superior decreto de V.S., de 16 de abril último, ha reconocido los nueve cuadernos de autos que se han formado sobre descubrir las poblaciones de españoles y extranjeros, que se presume hay en las alturas y parte meridional de este reino; y así mismo el que se crió el año de 1763, a instancia del gobernador y vecinos de la provincia de Chiloé, sobre la apertura del camino de Osorno y río Bueno. Y en inteligencia de cuanto de ellos resulta, dice:

—Que, aunque enterado de la arduidad del asunto, que comprende este expediente, ha procurado despacharlo con la brevedad posible, le ha sido forzoso retardar su respuesta hasta hoy, así porque le ha sido indispensable hacer detenidas reflexiones en cada uno de los diez procesos a que está reducido, como porque el despacho diario de los negocios concernientes a su ministerio le han embarazado mucha parte del tiempo que ha corrido desde el citado día 16 de abril hasta el presente. En esta atención, y cumpliendo con la superior orden de V.S. contenida en el enunciado decreto, expondrá lo que le ocurra a cerca de las expediciones proyectadas en estos mismos autos.

1.º El objeto que las ha motivado es descubrir si en las alturas que en este reino se miran, desde los 40 grados hasta el estrecho de Magallanes y cabo de Hornos, hay alguna o algunas poblaciones de españoles o colonias de extranjeros, como por tradición de largos tiempos se nos ha anunciado. Y en realidad, atendidas las actuaciones que formalizó el coronel don Joaquín de Espinosa, mientras tuvo a su cargo el gobierno de la plaza; y presidio de Valdivia, parece no deba dudarse de la existencia de tales poblaciones o colonias, para cuyo esclarecimiento y evidencia hasta reconocer el dicho uniforme, y la atestación antigua y moderna de los caciques y principales indios que han trabado amistad con los españoles de la mencionada plaza.

2.ª En el primer cuaderno de las enunciadas actuaciones se reconocen cuatro declaraciones, tomadas al capitán graduado don Ignacio Pinuer, comisario de naciones de aquella jurisdicción; y en todas ellas asegura bajo de juramento, que con motivo de la amistad estrecha que de muchos tiempos a esta parte ha profesado con los caciques e indios de aquellos contornos, y de la relación de parentesco con que les ha tratado, le han comunicado, que de la antigua ciudad de Osorno, al tiempo que fue invadida por los indios, se retiraron después de un largo sitio algunas familias tierra adentro, y se situaron en un paraje que era hacienda de los mimos españoles de Osorno. Que habiéndose defendido allí mucho tiempo, dieron contra los indios, y juntaron muchos ganados de los suyos que se llevaron a su fuerte: y que en ese mismo paraje se mantienen hasta hoy, el cual dista de Osorno como 5 o 6 leguas, porque hay un pedregal grande que dar vuelta. Que se han mantenido en ese sitio a fuerza de valor: que los indios les han hecho muchas entradas, y no los han podido vencer: que para salir les impide ser una sola la entrada, en la que hay un cerro donde tienen un centinela los indios para avisar si alguno sale, y atajarlo, como ha sucedido con algunos: que son muchos los que lo han intentado, y han sido muertos por los indios, por lo que solo se mantienen defendiendo las entradas. Que es cierto tienen dos poblaciones; la principal en una isla en donde ya no cabían, por lo que se han pasado a la tierra firme en frente, desde la que se comunican por agua; porque donde está la ciudad principal, es en medio de una laguna, y solo tiene entrada a la tierra por un «chapad», o pantano, en que tienen puente levadizo. Que sabe tienen artillería, aunque pequeña, y usan de las armas de lanza y espada: que es mucho el número de gente, y visten camisa, y según explican los indios, calzón de buchí y chupan, porque no saben explicarse. Que tienen casas de teja y paja, fosos y rebellines: que tienen siembras de ají, que es con lo que comercian con los indios, quienes les llevan sal de la que sacan de Valdivia: que también les llevan hachas y cosas de fierro, por vacas y caballos que tienen muchos. Que hablan lengua española, pero que, aunque los indios les han llevado indio ladino, no les entienden bien. Que también hablan lengua índica; y que usan marcas, yerros españoles en las vacas y caballos las cuales ha visto el mismo Pinuer. Finalmente testifica que también sabe, que estos no son los que llaman «Césares», porque hay otras poblaciones de españoles hacia el Estrecho, que según dicen los indios son de navíos perdidos. Que su conocimiento y trato con ellos, de cuarenta años a esta parte, sus entradas a la tierra, y el llamarlos parientes, y amigos con alguna sagacidad que ha puesto para saber este asunto, le ha hecho noticioso de que es cierto lo expuesto, y de que existen tales poblaciones, porque lo ha oído decir a indios principales caciques de razón, y lo ha confrontado con lo mismo que ha oído a otros, y todos concuerdan en una misma cosa. Que el haberlo ocultado los indios es, porque de padres a hijos se han juramentado el callarlo, y es rito o ley ya entre ellos; y aun por esta razón se han mantenido alzados, sin nuestra comunicación, todos los de la otra banda. Que sabe que este juramento y sigilo ha sido, porque tienen por abuso decirse unos a otros, que si los descubrían los harían esclavos los españoles, y los sujetarían a encomiendas: por cuya causa al que han sabido formalmente que le ha descubierto le han quitado la vida. Que el saberlo el declarante es porque, habiéndose dado muchos años ha por pariente de dos caciques de los alzados, del otro lado del río Bueno, nombrados, Amotipay y Necultipay, estos con gran secreto se lo contaban, y por haber Amotipay venido a verle, a su regreso le dieron veneno los indios, y que Necultipay ofreció al declarante llevarlo a la ciudad, pero que no se verificó por haber fallecido, dejándolo por heredero de sus tierras. Que hoy día ya se habla de esto con menos reparo entre los indios, porque dicen que se ha publicado; y que ahora tres años se hizo una gran junta de los indios alzados, y en ella ofrecieron primero morir que rendirse, ni desamparar sus tierras, porque tenían noticias de que los españoles de Chiloé, salían en solicitud de estos otros españoles, y poblar primero a Osorno. Y en otro lugar confirmando estas mismas noticias, dice: que hacia el cabo de Hornos, hay otra población, que discurren los indios ha resultado, y aun aseguran que proceden, de navíos extranjeros perdidos, y que hay tres ciudades grandes y otras pequeñas; lo que le ha asegurado el indio que las ha visto. Y más adelante, que será necesaria tropa para hacer este descubrimiento, porque no duda que se ha de oponer mucha indiada, que es gente aguerrida, y que conoce sus terrenos. Que hay muchos retazos de monte y río, y la distancia será de cerca de 40 leguas: y que todo se ha de vencer a fuerza de armas; pues, aunque no hagan frente formal los indios, harán emboscadas y avances de noche, o la multitud puede obligarles a presentar batalla formal: y así, que considera ser convenientes mil hombres, atendiendo también a no saberse con certidumbre si estos españoles querrán entregarse o mantenerse allí con el dominio que han establecido.

3.ª Lo mismo, aunque con menos puntualidad, testifican Gregorio Solís, Marcelo Silva, el cadete don Juan Henriques, Francisco Agurto capitán de Amigos, de la reducción de Calle-calle, el lengua general don Juan de Castro, Casimiro Mena, Baltazar Ramírez: y el Reverendo padre lector fray Buenaventura de Zárate, guardián del convento de don Francisco de la Isla de Macera, declara, que habiendo tenido en su servicio, por espacio de seis años, a un indio cristiano, llamado Nicolás Confianza, muy ladino y enterado de nuestra religión e idioma, siendo ya de edad de sesenta años, cayó enfermo, y estando desahuciado, y disponiéndose para morir, le dijo: que quería hacer por escrito una declaración que hallaba por muy conveniente al servicio de Dios, porque tenía mucho temor de ir a su divina presencia, sin manifestar lo que sabía. Que habiéndole tomado como pudo su dicho, declaró: que siendo mocetón, hizo una muerte en Calle-calle, jurisdicción de Valdivia, con cuyo motivo se fue fugitivo a los Llanos, y de allí al otro lado del río Bueno, donde lo amparó un cacique tío suyo; haciendo de él mucha confianza para sus tratos y conchabos. Que con esta ocasión le enviaba hacia la ciudad de los españoles que hay, procedidos de los de Osorno, junto a la Cordillera, a que viese a otro cacique que servia de centinela a dichos españoles. Que era cierto que estaban allí fundados y establecidos con ciudades fortificadas, y una noche oyó hablar dos de ellos con el cacique donde estaba alojado, sobre un conchabo de lo que llevaba dicho indio, que eran hachas y sal: que los españoles traían ají, lienzo y bayeta, con lo que canjeó, o conchabó, y el lienzo era como el de Chiloé. Que es verdadera la existencia de estos españoles, y que el castellano que hablan no es muy claro: y por último que decía esto, estando ya para morir, y conocía el trance en que se hallaba, y la cuenta que había de dar a Dios. Que este indio era muy racional y cristiano, por lo que el padre declarante asegura, que no solo en esta ocasión, sino en otras muchas conversaciones antes de este lance, siempre le había referido lo mismo, con cuyo respecto dice, que tiene satisfacción de la verdad de cuanto el indio le decía.

4.° A fojas 49 del mismo cuaderno 1.° se reconoce la declaración que se tomó al indio Santiago Pagniqué, morador y vecino de Ranco, y en ella se ve que por el riesgo a que se exponía de que lo matasen sus compatriotas, en caso de saber que él había declarado lo que ellos tanto ocultaban, expresó con lágrimas en los ojos, que sabe real y verdaderamente que están los españoles en la laguna de Puyequé, pasado la que se repecha un risco, y hay un estero que llaman Llauqueco, muy correntoso y profundo, y es en donde los indios tienen su centinela, para no dejar entrar ni salir a ningún español, de una parte ni otra. Que para dar la vuelta a entrar donde están los españoles, hay mucha risqueria, pero que del cerro de Llauqueco se divisa la población, y algunas colorean como tejas. Que hay muchos españoles, y que se visten de lienzo, porque siembran mucho lino, y tienen paño musgo y colorado que tiñen con «relvun». Que tienen iglesia, lo que sabe por otro que estuvo allí seis días en tiempo que hicieron una procesión, y que la tienen cubierta de plata, que parece una ascua. Que a este indio lo llevó a escondidas un cacique que mandaba el centinela, y le encargó que no le viesen, porque le quitarían la vida aquellos españoles. Que desde que nació sabe que están ahí esos españoles; y desde Valdivia allá hay cinco días de camino, con otras particularidades que refiere;

entre las que expresa los ríos y esteros caudalosos que hay que pasar, y los indios que guardan la entrada.

5.° El cacique nombrado Artillanca, que lo es de la reducción de Guinchilca, declara a fojas 50 que están allí aquellos españoles, en la laguna de Puyequé: que él tiene conocimiento de muchos años a esta parte, y desde que tiene uso de razón, sabe que allí están acimentados. Que todos los indios con quienes ha comunicado, y particularmente sus padres y abuelos, siempre le han contado lo mismo, adquirido de aquellos indios que tratan con los españoles. Que estos son muchísimos, y tienen su rey, pero que según sabe de cierto, ellos no han querido salir, porque ahora años hicieron un parlamento, y dijeron en él que tenían todo lo que había menester, y no querrían sujetarse al rey de España. Que ahora tiempo tuvieron estos españoles una campaña con los indios fronterizos, en la que mataron a seis caciques principales y a muchísimos indios. Que después acá no han tenido guerra, pero que tienen muy cuidado el camino, para que no se salga, ni entre a su población; y que donde está el centinela hay una angostura, en donde los españoles suelen poner una cruz; pero los indios la quitan y les ponen una macana con sangre. Que tienen iglesia grande en su población, y mucha plata y oro que allí sacan. Que visten de musgo y colorado, son muy guerreros, tienen ganados y siembran mucho. Que si los nuestros quisieran ir allá, hallarían mucha oposición, porque hay muchos indios alzados que lo impiden. Que el camino más derecho para ir a estas poblaciones es el de los Llanos, mejor que por Guinchilca; y que aunque en tiempo del gobernador don Juan Navarro, se le preguntó sobre este asunto, lo ocultó, porque ha tenido miedo si decía algo, de que lo matasen sus contrarios. Pero que ahora estaba tan agradecido del cortejo que le había hecho don Joaquín de Espinosa, y tan satisfecho de su amistad, que no había podido callarle nada, y así le había abierto su pecho, para decirle la verdad de todo lo que sabe.

6.º A fojas 89 declara el cacique Llancapichun, de la reducción de Ranco, con el indio Santiago Pagniqué, que es cierto y evidente que se hallan allí aquellas gentes españolas en el otro lado de una laguna grande, nombrada de Puyegué: que es mucha la gente que hay, toda blanca, como nosotros: que usan de los mismos vestidos, que tienen casas, murallas, y embarcaciones con que se manejan en la laguna, y salen a pescar. Que tienen también armas de fuego; y que no solo hay esta población sino otra más adentro: que ellos están prontos a guiar a los nuestros, si quieren pasar allá, pues ya conocen que queremos buscar a los de nuestra sangre. Que tenían parlado ellos sobre el asunto con los indios Puelches, de las inmediaciones de sus tierras, y les habían ofrecido ayudar a los españoles si entraban a sacar a los otros. Que se oponen a esta entrada muchos indios que hay hasta llegar a la laguna, que son los que siempre han defendido la entrada y salida de aquellas gentes. Que desde la casa de Llancapichun, hasta llegar a la orilla de la laguna, desde donde se divisan los españoles que se buscan, hay veinte y cuatro horas de camino montuoso, con algunas angosturas y cerrillos. Que hay dos ríos que pasar, cuyo tránsito puede facilitarse con armar embarcaciones, que es muy fácil a los nuestros: y que así estaban ya prontos a guiarnos, esperando solo la determinación del gobernador, a quien ocurrirían siempre que sus contrarios les quisiesen insultar, por haber declarado estas noticias.

7.ª A fojas 26 del cuaderno segundo depusieron los caciques de Río Bueno, Queupul, Neyguir, Payllalao, Teuqueñen y Millagueir, que era cierto que estaban allí tales españoles, obligándose a enseñar la población y a poner a los nuestros con el cacique Cañilef en paraje donde la divisasen, y lo mismo aseguraron a Francisco Agurto, Blas Soto, Miguel Espino y Tomás Encinas, los caciques Antili, Guayquipagni, Tagollanca, Leficura, Cariñancú, y otros seis más, según consta de la carta de fojas 35 de este propio cuaderno segundo, cuyas noticias confirmaron al cadete don Manuel de la Guarda: añadiendo el apronto de sus lanzas, y que era preciso para ir sin susto, que la marcha para el descubrimiento debía ser por el mes de Setiembre, y antes de que se abriese la Cordillera, para no tener así temor de que los Peguenches y Puelches saliesen a impedirles el paso.

8.º Francisco Agurto declara nuevamente a fojas 49, que con motivo de haber sido uno de los que fueron al otro lado del Río Bueno en la escolta que se dio al cacique Queupul, como parcial nuestro, consiguió hablar sobre la existencia de los españoles, nominados «Césares», con varios indios, a quienes por haber hallado muy adictos al gobernador y a los españoles, pudo ya sin cautela tocarles este asunto de ellos, siempre cautelosamente promovido. Que de estas conversaciones resultó que el cacique Neucupangui, que tiene su habitación y terreno adelante de Río Bueno hacia las cordilleras, le comunicase que los españoles que buscábamos, estaban a este lado de la Cordillera; pero que fuera de estos había al otro lado, a orillas del mar, otros «Huincas», o españoles muy blancos, que eran muchos, y se hallan allí poblados de navíos perdidos; que eran muy valientes, tenían murallas, y no se darían por bien. Que eran muy ricos, y tenían comercio, porque entraban embarcaciones en su puerto. Que esta gente se comunicaba con otros llamados «Césares», por un camino de risquería, que solo a pie se podía, andar, en que tardaban dos días. Que toda esta declaración la oyó el declarante, igualmente de otro cacique, llamado Imilguir, también de tierra adentro, y que no duda de su certidumbre por la ingenuidad con que le hablaban en este particular, pues diciéndoles el que declara:

—«Esos serán los de Chiloé», respondieron:

—«Esos están por ahí abajo, que no ignoramos nosotros para dar esta noticia»: lo mismo que repite este declarante a fojas 78, contando los pasajes que le ocurrieron al entrar a la laguna de Puyegué.

9.º A fojas 15 dice la india María, natural de Naguelguapí, que su madre tenía amistad con unos españoles que se hallaban inmediatos a su tierra, y que con el motivo de haber caído enferma, la llevó a una islita, en donde había un religioso y una señora de edad: que el religioso tenía los hábitos como los de San Francisco, y la quiso bautizar, y ponerle por nombre «Teresa». Que dicho religioso estaba en la isla como misionero, y a ella ocurrían a rezar algunos indios. Que inmediato a la isla hay una población, situada de la otra banda de la laguna de Puyegué, en la cual hay algunos indios y muchos españoles, los que habitan en unos altos, sin permitir entrar a los indios. Y a distancia de un día de camino, hay otra población, cuyos dueños tienen muchas armas de fuego, y hablan distinta lengua que los primeros, los cuales tienen muy pocas armas de fuego, y sí muchas lanzas. Que mantienen continua guerra con los de la segunda población por causa de sus ganados; y que los primeros, según lo que la madre de la declarante le tiene dicho, usan del vestuario como nosotros, y por zapatos, «sumeles». Que tienen comercio con los otros, de quienes se proveen de lienzos, añil y chaquiras, y que tienen una especie de lana que se cría en árboles, la que traen de la otra banda de la Cordillera, hacia el Cabo de Hornos, conchabándola a los indios. También que aquellos españoles solicitan saber de nosotros, pero que los indios les infunden temor, diciendo: «que somos muy temerarios y tiranos», y que por un río grande que es de mares, se comunican los de una población con otra, por unas barcas grandes.

10. A presencia de semejantes atestaciones, parece que no debe ya dudarse de la existencia de aquellas poblaciones, bien sean de españoles, o bien sean de extranjeros, que según el uniforme dicho de los indios, hay en la una y otra banda de la Cordillera hacia la parte del sur, y en la altura del estrecho de Magallanes y Cabo de Hornos: porque aunque no puede negarse que han producido con alguna variedad sus asertos y noticias, en cuanto a la situación de tales poblaciones, esto puede provenir de varias causas y motivos. El primero de la misma naturaleza de los indios, que siendo sumamente recelosos del español, muy tímidos y observantes de sus ritos como leyes inviolables, según lo advierte Francisco Agurto, a fojas 98 vuelta, y en su declaración de fojas 96, no es inverosímil persuadirse, que ya que descubren el secreto, para ellos misterioso, y de la mayor gravedad, varíen en una u otra circunstancia. El segundo, de que los intérpretes o lenguaraces no hayan entendido bien lo que ellos han querido decir, explicando los lugares de la situación. Y el tercero, de que los mismos indios por su rudeza no hayan sabido explicar este punto. Y así debe atenderse principalmente a la sustancia de lo que declaran acerca de la efectiva existencia de dichas poblaciones, mayormente estando todos contestes en cuanto a este punto, sin que lo contrario arguya el éxito de las expediciones hechas a costa del coronel don Joaquín de Espinosa, de que da puntual razón el Reverendo padre fray Benito Delgado, en su carta de fojas 99 del 5.ª cuaderno, y a fojas 127 los cadetes don Miguel, y don Manuel de la Guarda, don Joaquín, y don Juan Ángel Cosío, el sargento Gregorio Pinuer, el condestable Pedro Álvarez, los cabos Teodoro

Negrón, y Feliciano Flores, y los soldados Francisco Agurto, Baltazar Ramírez, Miguel Espino, Tomás Encinas, Andrés Olguín, y Domingo Montealegre. Pues, confesando que no pasaron a mucha distancia de las lagunas de Poyequé y Llauquigue, ni llegaron a la otra laguna de Puraylla, que divisaron desde un alto de la Cordillera, donde vieron algunos humos, y que oyeron unos tiros, como de esmeril o pedrero, los que pudieron ser efecto de los volcanes inmediatos, no debe tenerse esto por documento suficiente que califique absolutamente la falsedad del común y general aserto de los indios, y mucho menos cuando los caciques, en el acto mismo de reconocer estos españoles las precitadas lagunas, ratificaron las mismas noticias aseverando que los Moro-huincas de la segunda población son ingleses, y que son muy guapos, que están muy lejos, y muy fortificados, como se ve a fojas 35 y fojas 36 de dicho 5.ª cuaderno.

11. Si V.S. recuerda las memorias de las épocas anteriores, hallará que nuestra nación española no tuvo mejores ni iguales fundamentos para haber hecho los descubrimientos que admira todo el orbe. Después que el almirante don Cristóbal Colón, obtuvo las noticias que le comunicó el piloto Alonso Sánchez de Huelva, de la nueva tierra que había visto, juzgándolas por sueño los de su propia república, y las coronas de Portugal, Francia e Inglaterra, a quienes convidó con ellas: —después que habiendo vencido inmensos trabajos, logró descubrir la isla nombrada Guananí, que últimamente se llamó de San Salvador, no tuvo otro comprobante de la existencia de las demás que halló, que el dicho y aserto de los indios. Cuando Barco Núñez de Balboa descubrió la tierra, en que se fundó la villa de Santa María, la antigua del Daryen, no tuvo otro antecedente para saber de la situación del mar del sur, y de las tierras del Perú que el dicho de un hijo del

cacique Careta, apuntándole con el dedo hacia el mediodía. El marqués don Francisco Pizarro, habiendo navegado hasta la tierra del Tumbez, no tuvo otro fundamento para creer la existencia del Cuzco, su riqueza y poderoso imperio, que el dicho de los mismos indios Tumbezes. Y en fin el adelantado don Diego de Almagro, para haber tomado a su cargo el descubrimiento y conquista de este reino de Chile, no tuvo más fundamento que las noticias que le comunicaron en el Cuzco los indios de aquella jurisdicción, igualmente que el Inca Mango sucesor de los dos hermanos Guacan y Atahualpa. Con que se concluye, que el simple dicho y aserto de los indios, por los efectos que en todos tiempos ha causado, no debe despreciarse enteramente, y mucho menos cuando es uniforme y conteste entre los mismos que lo producen.

12. Bien es, que el demasiado deseo de nuestros españoles por las riquezas y metales preciosos, ha llegado a fabricar en sus ideas algunos países o poblaciones imaginarias en estas Américas, cuya fantasía se ha apoyado con el embuste de los indios, que por apartar de sí a los nuestros, han procurado empeñarlos en el descubrimiento y conquista de algún país riquísimo, que fingían hacia tal o tal parte: como sucede en el Perú, donde corre la opinión de que entre aquel reino, y el Brasil hay un dilatado y poderoso imperio, a quien llaman el «Gran Paytití», donde dicen se retiró con inmensas riquezas el resto de los Incas, cuando se conquistó el Perú por los españoles, sustituyendo el nuevo imperio en lugar del que habían perdido: sobre cuyo descubrimiento y hallazgo se han dedicado muchos con esmero, y gastado crecidas cantidades, sin otro fruto que el desengaño. En la provincia de la Guayana, que está al sur de Caracas, se dice así mismo que hay un pueblo, a quien llaman «el Dorado», por ser tan rico, que las tejas de las casas son de oro; y al norte del nuevo

México, que hay un país denominado la «Gran Quivira», reducido a un imperio floridísimo, que se formó de las ruinas del Mexicano, retirándose allí cierto príncipe de la sangre real de Montezuma. Y aunque sobre descubrir esta Gran Quivira, no se han impendido gastos algunos, pero sí se han erogado muchos sobre el Dorado, sin que se haya conseguido otro favorable efecto, que el que han tenido las expediciones del «Gran Paytití». Y teniendo presente estos acaecimientos, algunos críticos han colocado las poblaciones de los españoles, que llaman «Césares», entre los países imaginarios, fundando su opinión en los antedichos ejemplares, y en que no han podido ser hallados, sin embargo de la solicitud con que muchas veces han sido buscados: como entre otros sucedió con el padre Nicolás Mascardi, de la Compañía de Jesús, apóstol de las Indias de Chiloé, que habiendo entrado tierra adentro en demanda de estas poblaciones, el año de 1673, solo consiguió morir a manos de los indios Poyas.

13. Mas aquí tenemos otros fundamentos sólidos, que hacen verosímil la existencia de los españoles, a que el vulgo ha querido denominar los «Césares», porque los indios que la han declarado uniformemente, nada han dicho de ponderación que pueda mover la codicia, pues han asegurado que tienen lino, que tienen casas de paja y totora, que tienen artillería menuda, pocas armas de fuego, y muchas lanzas, con otras particularidades que no militan en el imperio del «Paytití», y población del «Dorado y Gran Guivira». Han expresado que semejantes poblaciones de españoles proceden de los que se salvaron en el asedio de las siete ciudades, acaecido en el año de 1599; y siendo todo esto muy verosímil, como también que puedan ser de los que habitan la ciudad de las Infantas que se desapareció en aquel tiempo, sin que se pudiere saber el fin que tuvo, ni donde estuvo situada, no

hay desde luego razón, para que, inclinándonos a la opinión de los críticos, creamos que son fingidas e imaginarias tales poblaciones. A lo que se agrega otra reflexión, que nace del naufragio que han padecido algunas naves en el estrecho de Magallanes. Según nos cuentan las historias, entre las armadas que se han perdido en ese estrecho, una fue la de cuatro navíos que despachó el obispo de Placencia para poblar las islas Malucas; los cuales habiendo llegado con buen tiempo al Estrecho, hallándose 20 leguas dentro de él, se levantó por la proa un viento tan recio, que no pudiendo volver atrás ni tener por donde correr, dieron los tres de ellos en tierra, y se perdieron; pero no la gente, que esta se salvó. La cuarta nave tuvo mejor suerte, porque corriendo fortuna, pudo desembocar otra vez al mar del norte, y sosegada la tempestad, volvió a envestir al Estrecho, y llegó al paraje donde se habían perdido las compañeras, hallando en aquellas riberas la gente que se había salvado en tierra: los que viendo la nave, comenzaron a hacerle señas, y a gritar a los que iban dentro, pidiéndoles que los recibiesen: pero que no lo hicieron, porque los bastimentos que habían quedado eran tan pocos, que temían no bastasen aun para los del navío.

14. Ahora pues, como no se sabe con certidumbre qué se haya hecho de estos hombres, y se dice, por otra parte, que en la realidad hay gente de Europa poblada hacia el Estrecho de nuestro continente, no es difícil persuadirnos que, viéndose perdidos, se entrasen tierra adentro, y emparentando con alguna nación de indios de los que allí existen, se hayan ido multiplicando de manera, que se hayan dejado sentir de las naciones más vecinas, y de estas pasado a otras las noticias, que siempre han corrido muy vivas, de que en efecto hay tales gentes en aquel paraje, a quienes llaman «Césares»: sin duda por la tradición de que, reinando el emperador Carlos

V, salió un navío cargado de familias para poblar este sitio, y varando en la costa el bajel, entraron ellos tierra adentro, y formaron la citada población. Consideraciones todas por que los geógrafos la han situado en una abra de la Cordillera Nevada, entre los 45 y 50 grados de latitud.

15. Cuando no hubiesen otras razones que fundasen la necesidad de indagar la real y verdadera existencia de estas poblaciones, serían sin disputa, en concepto del Fiscal, un poderoso motivo, para que por todos los medios posibles se procurase salir de toda duda y equivocación; pero habiendo sospechas vehementísimas, que casi hacen evidente el establecimiento de naciones extranjeras en los terrenos que hay del estrecho de Magallanes para el norte, tampoco hay arbitrio para que dejen de verificarse las expediciones que propuso el coronel don Joaquín de Espinosa, en su carta de 4 de marzo de 1778, que se halla a fojas 143 del cuaderno 5.°

16. Sobre las noticias que de ellos han dado los indios, y quedan ya apuntadas, concurre la notable circunstancia de haber sido siempre este fertilísimo reino el objeto de la envidia de las naciones, extranjeras, especialmente de la inglesa. Prueba de ello es el continuo desvelo con que esta potencia se ha dedicado a indagar la situación de los puertos, costas y ensenadas de nuestra América meridional, y los viajes que practicaron al mar pacífico los piratas Francisco Drake, el año de 1579, entrando al puerto de Valparaíso; Tomás Candish, o Cavendish, el de 1587, dejándose ver en la isla de Santa María y Valparaíso; Ricardo Achines en el de 1593; Oliver de Noort el de 1599; Jorge Spilberg en el de 1615, con seis navíos; Jacobo Lemaire, Guillermo Schouten y Guillermo Fiten el de 1616; Henrique Beaut, que el de 1633 con una escuadra considerable salió de Pernambuco, y entró en el mar del sur; por el estrecho de Lemaire. Era su ánimo tomar el presidio

de Valdivia, y fundar allí una colonia: pero habiendo desembarcado su gente, y empezádose a fortificar en aquel sitio, el gobernador de la plaza y su guarnición, ayudados de los indios, los desalojaron a cuchilladas, obligándoles a abandonar el puesto. Henrique Morgan, el de 1669, Carlos Henrique Clarke, el de 1670; y el de 1680, Bartolomé Charps, Juan Guarlen, y Eduardo Valmen saquearon los puertos y lugares abiertos de las costas del Perú y Chile. Y en el presente siglo, Tomás Colb, el año de 1708; Juan Chilperton el de 1720; Eduardo Wernon el de 1740; y el de 1741 el vice almirante inglés, Jorge Anson; y en fin el viaje del comandante Byron, hecho al rededor del mundo, y la descripción puntual que de orden del almirantazgo ejecutó del Estrecho, mencionando sus bahías, puertos, ríos y ensenadas, el año de 1764.

17. Estas consideraciones, unidas a las que con maduro acuerdo hace el capitán don Manuel Josef de Orejuela en las tres representaciones que ha exhibido con fechas de 21 de noviembre de 1781, 18 de febrero, y 12 de abril del corriente año, califican en tanto grado la sospecha de que los ingleses se hayan poblado y fortalecido en algunos de puertos que hay desde la bahía de San Julián para el sur hasta el Cabo de Hornos, que apenas habrá hombre prudente que, reflexionando con detenida meditación la materia, dude de semejantes establecimientos. Pero como es este un punto de los más graves e interesantes al Estado, es forzoso que el distinguido celo de V.S. para remover todo escrúpulo de duda, no omita diligencia, por leve que sea, a fin de esclarecer estas sospechas. Y supuesto que el capitán Orejuela, en el capítulo 12 de su representación de fojas 5 del 9.ª cuaderno, expresa haber reconocido cierta declaración tomada al Reverendo padre Prior del convento de San Juan de Dios del presidio de Valdivia, en que aseguraba que, habiendo salido de Cádiz el

año de 750, en el navío «el Amable María», en la altura de 50 grados de latitud al sur, descubrió en uno de los cerros de aquel estrecho, que tenían a la vista, un hombre embozado en una capa azul, con sombrero negro redondo; y una mujer igualmente vestida de azul, que se reconocía serlo por la ropa talar, acompañados de un perro grande blanco y negro; a quien habiendo llamado a la voz con señas, no respondieron palabra: y otra de los Reverendos padres Misioneros venidos en el «Toscano», en que constaba, que a la altura de 37 grados de latitud, por la parte del sur, encontraron una embarcación inglesa de dos palos, que dijo se entretenía en la pesca de ballena, y los obsequió con un barril de aceite de ella, en correspondencia de otro de aguardiente, con que el capitán español los cortejó; sería muy oportuno y conveniente, que una vez que no se encuentran en estos autos semejantes declaraciones, se sirva mandar V.S., que informe el citado padre Prior del convento de San Juan de Dios de Valdivia, y los religiosos misioneros venidos en el «Toscano», sobre los pasajes mencionados; y que expresando el capitán Orejuela, cual es la persona que le ha comunicado las noticias que refiere en los capítulos 32, 33 y 36 de su representación de fojas 5, se le tome igualmente su declaración jurada al tenor de los hechos relacionados en los capítulos 33, 36 y 37.

18. Convendrá así mismo se tome igualmente declaración al caballero francés Mr. Romanet, que se dice hallarse hoy en Buenos Aires, empleado en nuestra marina real, y destinado entre otros oficiales de este cuerpo a la división de los límites con Portugal, para que exponga con la debida claridad, si es cierto que cuando acompañó a Mr. de Bougainville en el viaje que hizo al rededor del mundo, al desembocar el estrecho de Magallanes, por donde pasaron al mar del sur, vieron un «sloop» a corta distancia; el cual, sin embargo de

hallarse bien cerca de tierra, inmediatamente viró de bordo, y giró para ella; por lo que al instante lo perdió de vista la fragata francesa. Y en esta atención puede V.S., siendo servido, pasar el correspondiente oficio al excelentísimo señor virrey de Buenos Aires, a efecto de que S.E. disponga lo que tenga a bien sobre esta importante diligencia, y que remita dicha declaración a V.S. para que se agregue a los autos.

19. Y por lo que respecta a los medios y arbitrios que propone el nominado capitán para la mejor defensa de este reino, especialmente en cuanto a que la escuadra, que ha despachado Su Majestad para el seguro de estos mares, se destine a guardar la plaza de Valdivia, dándose a su comandante la comisión de inspeccionar aquella fortaleza y artillería, y a esta Capitanía general las facultades del excelentísimo señor virrey, para que, en el caso de ser preciso variar las órdenes que se comunican a los comandantes, pueda resolver y mandar cuanto convenga al real servicio puede V.S., siendo servido, consultarlo con S.E., remitiéndole testimonio íntegro de este cuaderno 9, en que se incluyen las tres representaciones hechas por el capitán don Manuel de Orejuela, a fin de que la consumada práctica y pericia de S.E. en el arte de la guerra disponga lo que tuviere por conveniente; pues el Fiscal cree que el único seguro medio de guardar este reino es el de que se acceda a las propuestas que sobre este punto hace el precitado don Manuel: por lo que desde ahora pide y suplica a V.S. se sirva hacer formal instancia en aquella superioridad, a efecto de que cuanto antes se dé este destino a la escuadra real en la plaza mencionada.

20. Con lo expuesto hasta aquí, ha evacuado el Fiscal su respuesta en orden a los puntos concernientes a poblaciones de españoles y establecimientos de extranjeros en nuestro continente, y así concluirá su discurso acerca de estos mis-

mos puntos, con expresar a V.S. la sustancia y concepto que ha formado de lo que el indio guilliche Guechapague y los caciques Curical, Guillapangui y Quiñaguirrí comunicaron al capitán de la reducción de Maquegua, don Fermín Villagrán, y ha expuesto en las declaraciones que de orden del maestre de Campo, general de la ciudad de la Concepción, se le recibieron, y constan a fojas 99 y 102, del citado cuaderno 9.

21. En una y otra expresa Villagrán haberle asegurado los antedichos caciques e indios, que había una población de españoles, que estaban comprando a las cautivas, los cuales se han situado a la orilla del río Miuleú, cuyo traje es de paño azul, y otros de amarillo; el sombrero chico y apuntado de tres picos, y mantienen comercio con el cacique Curihuentú, que dista de ellos 2 leguas, y que en distancia de seis, tierra adentro de la desembocadura de dicho río en la mar, está la nueva población muy bien fortificada con su estacada, y mucha artillería gruesa. Y aunque don Manuel de Orejuela, en vista de esta declaración, procura fundar que es de ingleses este nuevo establecimiento, el Fiscal cree y conceptúa que no es así, sino que esas son nuestras nuevas poblaciones, que de orden de S.M. se han verificado en la Bahía sin Fondo, como el excelentísimo señor virrey de Buenos Aires lo anuncia a V.S. en su carta, fecha en Montevideo, a 6 de mayo de este año. Manifestará la razón en que funda su dictamen, y quedará la materia tan clara como la luz del día.

22. Según el mapa geográfico de la América Meridional, dispuesto y grabado por don Juan de la Cruz Cano y Olmedilla, impreso en Madrid el año de 1775, el río Mianlú, Leubú o Sanquel, que los indios llaman Miuleú e Neuquen, es el mismo río que nosotros le llamamos Negro, el cual toma su origen de las lagunas de Guanachi, desde donde corre norte

sur, hasta la altura de 38 o 39 grados de latitud, y desde ahí sigue del occidente al oriente con alguna oblicuidad, hasta desembocar en el mar, donde se forma la Bahía sin Fondo. Con que si esto es así, y constante que las nuevas poblaciones de españoles se hallan situadas en la expresada bahía, en que el río de Miuleú desemboca al mar, es evidente la verdad con que hablaron los caciques e indios Guilliches al capitán Villagrán, y que no debe por esa parte recelarse establecimiento de extranjeros, quedando así enteramente desvanecido el concepto que acerca de este punto ha formado el capitán Orejuela.

23. Pero como subsisten vigorosas las demás razones y fundamentos que forman una más que semiplena probanza de la realidad del establecimiento de nuestros enemigos en aquellos propios terrenos, por eso, con justísima razón el poderoso invicto Monarca, que felizmente nos gobierna, tuvo a bien expedir la real orden de 29 de diciembre de 1778, en que, a consecuencia de las actuaciones que promovió el distinguido y ardiente celo del coronel don Joaquín de Espinosa, se sirvió adoptar las oportunas y bien fundadas reflexiones que le hizo esta Capitanía general, en apoyo de la propuesta que el coronel don Joaquín explicó en su carta de fojas 143, del cuaderno 5, dejando a la discreción de este Superior Gobierno el arreglo de las expediciones que han de ejecutarse, con el importantísimo objeto de descubrir semejantes establecimientos, y salir de una vez de dudas y equivocaciones: graduando el tiempo en que convenga se verifiquen con la menos costa que sea posible: formando a este efecto las instrucciones que hayan de observarse, y cuidando de precaver en ellas todos los riesgos que las pueda empeñar en la pérdida de gentes, sin una necesidad muy urgente, y que no pueda remediarse o alcanzarse, por razón de haber de hacer

sus marchas por parajes desconocidos. En la inteligencia de que, el señor capitán general de este reino ha de entenderse en derechura con el excelentísimo señor virrey del Perú, para cuanto le ocurra sobre este particular: a cuyo fin le ha prevenido S.M. preste los auxilios de tropa y demás que sea conveniente para la consecución de esta empresa.

24. Esta real resolución, y las que le contienen en las órdenes de 2 de diciembre de 1774, 10 de agosto de 75, 18 de julio de 78, y 29 de diciembre de 78, que se contienen en el 7.ª cuaderno, manifiestan la decidida real voluntad, acerca del efectivo envío de las expediciones proyectadas por el coronel don Joaquín de Espinosa, en su citada carta de fojas 143 del 5.º cuaderno. Y en esta virtud, lo que hoy únicamente resta, y de que se debe tratar, es del tiempo en que convendrá ejecutarse estas expediciones, y del modo y circunstancias que deban observarse antes, y en el acto de su verificativo.

25. El excelentísimo señor don Agustín de Jáuregui, siendo gobernador y capitán general de este reino, inteligenciado de la juiciosa conducta del coronel don Joaquín, y del mérito que sobre este particular tenía contraído, puso al cargo y mando de este oficial las operaciones referidas, y le ordenó en carta de 20 de agosto de 1779, que para formalizar las correspondientes instrucciones, con total arreglo a las soberanas intenciones de S.M., y al religioso espíritu que manifiesta la misma real orden de 29 de diciembre, le previno, que con la posible anticipación y reserva le expusiese cuanto considerase preciso y necesario para habilitar dichas expediciones, de modo que, por falta de víveres, bagajes, armas, municiones y pertrechos no tengan que padecer necesidades, peligros, ni atraso en las marchas a su destino: lo que podría facilitarse de estos auxilios y provisiones en la plaza de Valdivia y su jurisdicción; y lo que había de llevarse en el

navío del situado, así de esta capital como de la de Lima. En el concepto de que habían de ser dos las expediciones: las que, a un tiempo determinado, debían salir una por Chiloé, y otra por Valdivia. Le previno también que le informase si le ocurría reparo, en que de las cuatro compañías que habían de venir del Callao, se remitiesen dos a Chiloé, para que a su abrigo puedan venir las milicias que destinare el gobernador de aquella provincia a reunirse con las que saliesen de esta otra plaza, y la tropa que las había de acompañar; y así mismo, si habría caballerías bastantes, para las remontas que se consideran precisas, haciendo atención al número de que se hubiese de componer la expedición.

26. Previno S.E. igualmente al coronel don Joaquín, le informase, qué tiempo le parecía el más, a propósito para la salida, a efecto de adelantar las órdenes correspondientes al más breve apronto de las provisiones de boca y guerra, y de todos los útiles que comprendiese necesitarse, como el de los agasajos que más apetezcan los naturales del tránsito, dándole razón de unos y otros. Y considerando lo que importa conferir también la materia con el gobernador de Chiloé, antes de ocurrir al excelentísimo señor virrey del Perú, por los auxilios de tropa y demás que fuese preciso, le dirigió un pliego rotulado a dicho gobernador, para que lo remitiese a Chiloé, en alguna piragua, o embarcación de particulares; con orden de que la comprase de cuenta de Su Majestad, si fuese capaz de poderse continuar en ella la correspondencia con aquella provincia, y en él de que no la hubiese, que dispusiese la construcción de una, adecuada al fin enunciado: haciéndole otras prevenciones conducentes a procurar la mayor seguridad de la expedición, y el acierto de la ruta que se ha de elegir, y a facilitar el debido cumplimiento de la real orden de Su Majestad, con la prontitud deseada. Y sin embargo de

ser necesarísima la decisión de estos puntos, no se encuentra en los autos razón ni carta alguna del coronel don Joaquín, en que explique su dictamen en cuanto a ellos; ni tampoco la respuesta que debió dar el gobernador de esta provincia de Chiloé, en consecuencia del pliego que se le dirigió por la vía de Valdivia.

27. En las cartas de fojas 83 y 84 del 7.º cuaderno, fechas a 12 de junio de 1780, expresa el excelentísimo señor don Agustín de Jáuregui, siendo aun Presidente de esta Real Audiencia, quedar en su poder la que en contestación de la suya de 14 de febrero escribió al coronel don Joaquín el gobernador de Chiloé don Antonio Martínez y la Espada, con fecha de 27 de marzo, la misma que con otra de 15 de abril le dirigió dicho coronel, consultándole los medios que le ocurrían para facilitar la expedición por la parte sola de Valdivia, atendida la imposibilidad que ponía el mencionado gobernador, de no ser factible se hiciese salida de aquella provincia para Osorno, por los motivos que expuso: añadiendo en la de fojas 84, quedaba también en su poder la razón que con la citada carta de 15 de abril se incluyó, de lo que a don Joaquín le había parecido añadir a la anterior, remitida para la expedición proyectada, y que todo se agregaría al expediente de la materia para tenerlo presente cuando hubiesen de darse las últimas providencias, con arreglo a lo resuelto por Su Majestad. Y según lo que estas dos cartas ministran, se comprende, que «de facto» el coronel don Joaquín de Espinosa evacuó el informe de aquellos puntas que se le previnieron en la de 20 de agosto de 79, o a lo menos que expuso su dictamen sobre algunos de ellos: y pues conducen en gran manera para que V.S. pueda tomar sus medidas en este grave y delicado asunto, parece corresponde se sirva mandar, que así en la Secretaría de cámara de esta Capitanía general, como en

la escribanía de este Superior Gobierno, se busquen y soliciten esos documentos, para que se agreguen a los autos de la materia. Y en el caso de que no se encuentren, que se escriba una carta orden al teniente don Marcelo de Arteaga, albacea del coronel don Joaquín, previniéndole solicite entre los papeles de este oficial el borrador de la carta de 15 de abril de 780, escrita a esta Capitanía general, y el de la razón con que la acompañó; y sacando copia puntual de uno y otro, la remita a manos de V.S., para los fines que convengan al real servicio.

28. Bien es que el capitán don Manuel de Orejuela tiene absueltos todos esos puntos en sus enunciadas representaciones, en que ha expuesto parecerle conveniente, que se haga una sola salida por Chiloé con mil hombres de tropa arreglada, y quinientos más para allanar los caminos, y conducir los bagajes, pertrechos de guerra, y demás que ocurra en tan vasta empresa: refiriendo el número y clase de armas, y los otros preparativos de guerra y boca que conceptúa indispensables. Y por el mismo caso de estar opuestos los dictámenes, pues el coronel don Joaquín en su citada carta de fojas 149 del quinto cuaderno, propuso que era suficiente el número de cuatrocientos hombres de armas, así para allanar el antiguo camino de Osorno a Chiloé, como para verificar los descubrimientos que se apetecen, haciéndose a un mismo tiempo dos entradas por Valdivia y por Chiloé, es forzoso que V.S. reconozca todos los papeles y cartas, que sobre esto hubiese escrito el coronel don Joaquín, mayormente estando también opuesto el dictamen del gobernador de Chiloé don Antonio Martínez y la Espada, según se enuncia en la citada carta de fojas 83 del cuaderno séptimo.

29. Entre los muchos y buenos arbitrios que propone don Manuel Orejuela, parece al Fiscal muy oportunos y conve-

nientes dos. El primero, él de llevar la expedición las canoas de viento, necesarias para el tránsito de los ríos y lagunas que se ofrecen en el camino, fabricándose de pieles de lobos marinos, a poca costa, en que pueden cargarse de 15 a 18 quintales, y conducirse cuatro hombres, a más del que fuere a regresarla. Y el segundo, el que se traslade toda la gente y guarnición que hoy existe en la isla de Juan Fernández, y se reúna en la plaza de Valdivia: pues siendo esta la llave de todo el reino, a ella se debe aplicar todo el cuidado, y la mayor fuerza, siendo excusada la del presidio de Juan Fernández, porque esta isla estará bastantemente guardada, siempre que se dé orden a los navíos de la carrera que la reconozcan en los viajes que hicieren de Valparaíso al Callao, y tengan cuidado de avisar, lo que en ella notasen, a este Superior Gobierno y al de Lima. Cuyo pensamiento, apoyado con el ejemplar de la traslación hecha de la población que había en las Islas Malvinas a la bahía de San Julián, es un argumento eficaz de la conveniencia, y aun necesidad que hay de que se verifique la traslación que propone don Manuel de Orejuela. Sobre que V.S. con sus superiores luces resolverá lo que le parezca más acertado y conveniente al real servicio, graduando los demás arbitrios que insinúa, según lo exigieren las actuales circunstancias, y las que puedan ocurrir, para el mejor acierto de las expediciones proyectadas.

30. Ya que con haber fallecido el coronel don Joaquín Espinosa, no han podido tener efecto todas las diligencias prevenidas por el excelentísimo señor don Agustín de Jáuregui, en su carta de 20 de agosto de 1779, concernientes no solo a conservar la amistad contraída con los caciques de Quinlchilca, Ranco y Río Bueno, sino a adelantarla, y adelantar también, si fuere posible, las noticias de la verdadera situación de los establecimientos que se pretenden descubrir, y la

de los caminos más cómodos para llegar a sus poblaciones, sería desde luego muy conveniente que el notorio celo de V.S. confiriese esta comisión al sargento mayor, don Lucas de Molina, o a otro oficial de honor de la plaza de Valdivia, que hubiere manifestado deseo positivo de lograr el hallazgo de tales poblaciones: ordenando al gobernador de la plaza, que lejos de poner embarazo en la práctica de estas diligencias, tan interesantes al estado, contribuya por su parte, cuanto le sea posible, dando al comisionado los auxilios que pidiere y necesitare para el desempeño de su comisión.

31. En esta virtud puede V.S., siendo servido, mandar que el comisionado haga presente a los caciques amigos, por medio de Francisco Agurto, Baltazar Ramírez, u otros emisarios de su confianza, el deseo de verles y manifestarles el agrado que han causado al rey, a V.S., y al gobernador de la plaza, las expresiones y operaciones, con que en el tiempo del Gobierno de don Joaquín de Espinosa, dieron pruebas de su lealtad y verdadera amistad con los españoles; y que con este motivo procuren adelantar las noticias de los parajes en que realmente existen los establecimientos de españoles y extranjeros, si los hubiere, y la de los caminos más cómodos para llegar a sus poblaciones: aprovechando las ocasiones que se les presenten de contraer nuevas amistades, y de ponerlos en estado de que ellos mismos rueguen por el descubrimiento de dichas poblaciones, y ofreciéndoles que, mediante su generosidad, serán bien regalados ellos, sus mujeres e hijos. Que persuadan también a los caciques amigos que procuren convidar a los caciques vecinos, a que hagan el mismo allanamiento y propuesta, y de este modo consigan irse internando hasta donde puedan, y purificar las noticias que vayan adquiriendo, haciéndose al propio tiempo capaces de los caminos y parajes por donde pueda seguir la expedición con mayor

comodidad y seguridad, y arreglarle los alojamientos, encargando para ello a estos emisarios que demarquen con cautela los sitios y distancias, y que se informen por donde se iba antes a Chiloé, con respecto a ser uno de los principales objetos de las expediciones proyectadas, franquear la comunicación con aquella provincia; y que importa muchísimo saber con fijeza cual sea el antiguo camino, o el paraje por donde sea más pronto y seguro el tránsito a ella.

32. Del propio modo puede V.S. prevenir al comisionado, que en atención a haber declarado Domingo Monte Alegre, natural de Chiloé, que el cacique Tanarailla, distante 3 leguas del fuerte de Río Bueno, le comunicó que un chilate se hallaba cautivo abajo de Osorno en los Juncos, en un paraje nombrado Poyigué, que este sabe donde están los españoles, y que el cacique le ofreció lo llevaría, sí quisiese, a que hablase con él, a cuya propuesta asintió, pero que no lo ha vuelto a ver; proponga al mismo Monte Alegre si se allana a reconvenir al cacique, para que lo lleve a hablar con su paisano, procurando se verifique la entrada de este español, si es que no se encuentra en ello riesgo de su vida, pues si es cierta la relación del cacique, no hay duda que el cautivo, no solo dará razón del sitio en que existen los españoles y extranjeros, sino también del camino de Chiloé, y si le cautivaron los mismos indios Juncos, o los de otras naciones más avanzadas a aquella provincia, como de lo demás que tenga visto o sabido, con motivo de haber vivido entre aquellos bárbaros.

33. Así mismo será conducente, qué él comisionado haga que Francisco Agurto procure que el cacique Manquemilla le cumpla la oferta que le hizo, de que haría llamar a su sobrino Antuala, que vive en las inmediaciones de la laguna de Puraylla, para que hablase con él, según se expresa en las actuaciones remitidas por el coronel don Joaquín de Espinosa, de

resultas de la expedición que hizo a su costa, y corren desde fojas 125, hasta fojas 140 del cuaderno 5.º Pues cuando no se adelante la adquisición de más claras luces de la ubicación de los establecimientos que se buscan, se conseguirá que la expedición pueda seguir sin mayor riesgo, y por caminos rectos o menos ásperos, hasta la citada laguna de Puraylla, o hasta donde alcance la correspondencia de Antuala con los caciques e indios de más adentro. Advirtiéndoles también que tengan particular cuidado de averiguar, si los indios intermedios son muchos o no, para que V.S. en esa inteligencia, pueda determinar la fuerza que parezca suficiente: y en fin, que el comisionado empeñe su celo y capacidad, en que los emisarios o exploradores, bien instruidos de sus prevenciones, adelanten cuanto sea posible en esta importancia.

34. Las mismas reales órdenes están respirando la suavidad con qué S.M. quiere se verifiquen estas expediciones, y por eso el principal cuidado qué en ellas se ha de tener, es y debe ser, evitar el recelo y desagrado de los indios, y de todo punto el uso de las armas, a menos que no haya otro recurso para defender las vidas, repeliendo la fuerza con una defensa natural; y conseguir por medios suaves la internación, hasta que no quede duda de sí hay o no los establecimientos que se solicita descubrir: asegurándoles de la buena fe con que se camina, y captándoles la voluntad, para que espontáneamente se reduzcan a nuestra amistad y pidan el establecimiento de misiones en sus tierras; y lograr con este antecedente la oportunidad de proponerles, ser para ello preciso que queden españoles que acompañen a los misioneros, y los defiendan de los rebeldes o enemigos de los mismos indios.

Para consolidar la amistad con ellos, se les puede hacer presente la que los de la frontera de la Concepción tienen trababa con nosotros: el amor y caridad con que les mira nuestro Soberano, la misma que profesa a todos los indios en general. Que no quiere, ni apetece otra cosa que el bien espiritual y temporal de todos ellos; que a este fin ha destinado en esta capital un hermoso colegio, en que sus hijos sean doctrinados y enseñados, costeando la real hacienda los maestros necesarios, para que se hagan tan sabios e instruidos como los mismos españoles; y que en esa atención se les proponga deliberen enviar los suyos a este colegio, asegurándoles que serán bien tratados, queridos y regalados; cuyas insinuaciones no solo convendrá que las expresen a los caciques de aquella jurisdicción los emisarios o exploradores sobredichos, sino también el comisionado, el gobernador de plaza, y aun el oficial u oficiales a quienes se hubiere de encomendar el mando de las expediciones, el tiempo y cuando hubiese de llegar y pasar por sus terrenos.

35. Y ya que ha llegado el caso de hablar del modo y arbitrios que pueden presentarse para el logro de que estos naturales, abdicando de sí aquella ferocidad que les acompaña, y aquel odio y rencor implacable que han concebido contra la nación española, no dejara el Fiscal de apuntar uno que le ocurre, y le parece concerniente y oportuno. Las mismas actuaciones, que comprenden estos autos, están acreditando que los indios de la jurisdicción de Valdivia, y todos los de esta nación en general, lo que aborrecen entrañablemente es considerar que puede llegar el caso de que los españoles los reduzcan a servidumbre, o sujeten a encomiendas, como lo practicaban y practicaron luego que fundaron las ciudades de Osorno, Imperial, Villa Rica, Angól, Valdivia, Infantas y Loyola, cuya total destrucción provino del deseo que asistía a los subyugados de verse libres de esta especie de esclavitud. En las propias actuaciones habrá notado V.S. que aun subsiste en el ánimo de los indios, muy vivo el recelo de caer en ese

infortunio, y que por eso han soltado una que otra expresión relativa a estos puntos, ya diciendo que los españoles son muy temerarios y tiranos, y ya que los han de hacer esclavos, o sujetarlos a encomiendas, si se juntan con los Aucahuincas que se salvaron del asedio de la ciudad de Osorno.

36. No es este tema nuevo en los indios de Chile, sino muy antiguo, y viene de muy atrás. Prueba de ello son los pasajes ocurridos al padre Luis de Valdivia, el año de 1613, con los caciques e indios de la frontera de la Concepción. Viendo la Majestad de nuestro Católico rey don Felipe III, lo poco que aprovechaban los medios de la fuerza y del rigor para sujetar a los indios chilenos, que tan soberbios e insolentes se hallaban con las victorias que habían tenido, y con la toma y ruina de las ciudades que nos destruyeron, se dignó resolver, que totalmente se mudase de estilo en esta conquista, y que dejando del todo la guerra ofensiva, se redujese solo a la ofensiva: considerando que por este medio se reducirían los indios más fácilmente a la Fe, y la recibirían con más amor y aplicación, viéndose libres del tumulto, y ruido de las armas, para lo cual se valió de la prudencia, celo y eficacia del citado padre Luis de Valdivia, religioso de la extinguida compañía de Jesús, eligiendo por gobernador a don Alonso de Rivera, que a la sazón lo era del Tucumán, y antes lo había sido de Chile. Luego que este religioso llegó a la Concepción, empezó a tratar con los indios de guerra, de los medios de la paz que de parte del rey les ofrecía, dando principio por las naciones cercanas, que eran las de Arauco, Tucapel y Catiray, a quienes envió los mensajeros que tuvo por convenientes. Noticiosos los indios de esta novedad, resolvieron se hiciese una junta con el padre Luis en Nancú, lugar que está en medio de todo Catiray, para que allí se tratase del negocio propuesto,

y de los conciertos de paz y amistad que deseaban; a cuyo fin se habían congregado diez parcialidades.

37. Habiendo el padre resuelto su salida, y llegado al lugar en que le esperaban los caciques, se echaron sobre sus brazos, mostrando gran contento de su llegada a aquellas tierras, y tomándole de la mano Guayquimilla, que era el más principal de ellos, se la besó en nombre de todos los demás, y le hizo un elegante razonamiento, diciendo que «de su alegre venida no solamente estaba regocijada la gente a quien llevaba tan grande bien, pero que los mismos brutos animales, las yerbas, las flores, las fuentes y los arroyos saltaban de placer y contento». Después de estas primeras cortesías, se sentaron a razonar y discurrir sobre las materias de las paces; y entre otras razones, dijo uno de los tres caciques:

—Padre, todos los indios principales desean la paz, aunque el pueblo y los soldados no se pueden persuadir de que los españoles la quieren y la desean. A que replicándole el padre: como podía ser eso, cuando el rey lo había enviado solo a ese fin, por el cual se había arrojado a los peligros de tantos males, hasta llegar a sus tierras; y que eso mismo, y no otra cosa, pretendían el señor gobernador, los maestres de campo y capitanes? Respondió el cacique:

—«No dudo de eso que dices; lo que se duda es que los españoles quieran paz, que sea paz. Bien sabemos que gustarán de la que llaman ellos paz, y yo no la tengo por tal, que es que nosotros nos rindamos, y nos sujetemos a ellos, y les sirvamos como a nuestros amos y señores; y esto no es paz, sino ocasión de las inquietudes, perturbaciones y guerras, que hemos tenido hasta aquí. Paz es la que tienen los españoles entre sí, y la que tienen los indios entre nosotros, gozando cada uno de su libertad, y de lo que tiene, sin que ninguno se lo quite, ni quiera mandarle, ni tenerlo debajo. Esto llamamos paz, y esta la abrazaremos muy de corazón. Pero si no tratas de esta paz, y quieres la que los españoles llaman paz, no verás que la admitamos mientras el Sol gire por el cielo.»

38. Vea ahora V.S. si es nuevo en los indios el sistema de resistir toda especie de servidumbre y sujeción al español. Ninguna otra cosa aborrecen más, que el hecho de privarles de la natural libertad con que todos nacemos, y así quieren gozar de la misma que disfrutan los españoles entre sí, y los mismos indios unos con otros. Por lo que parece al Fiscal que el remedio eficaz, de que los naturales de la jurisdicción de Valdivia, y demás que residen tierra adentro hasta el estrecho de Magallanes y Cabo de Hornos, se reduzcan, será proponerles que gozarán de una total libertad, sin que jamás llegue el caso de que se les reduzca a esclavitud o encomiendas; y que tampoco se les pensionará con tributos, ni otros pechos, aunque sea dispensado la disposición de la ley 9, tít. 4, lib. 4 de las Recopiladas de estos reinos: previniéndoseles que serán tratados como los mismos españoles, sin diferencia alguna, pues son vasallos de un propio soberano, cuya real benignidad ha tenido a bien adoptarlos por tales, y recibirlos bajo de su poderosa protección y amparo.

39. Ni este pensamiento puede oponerse en manera alguna a la política que hasta aquí se ha observado con esta nación, porque atendiendo a que los del reino del Perú reconocían a los Incas por sus soberanos y reyes, y les pagaban sus contribuciones en prueba del vasallaje que les rendían, como no ha sucedido esto así con los del reino de Chile que residen tierra adentro, no parece disconforme que, aunque a aquellos se le pensionase con el tributo que señala la ley, se dispense con esta semejante contribución, una vez que, según nos cuentan las historias, los emperadores peruanos, no llegaron, ni pudieron pasar con su conquista, de la tierra de los Promocaes,

y río caudaloso de Maule, que divide la provincia de este nombre de la de Cauquenes, por la ferocidad y braveza de los que habitan en esa parte hacia el sur; quedando el río señalado por términos del imperio, de orden de Yupanqui, décimo Inca de aquella dinastía. Con que, si es constante que los indios no reducidos, que son los que hay desde el caudaloso río Bio bio, para el sur, hasta el estrecho y costas patagónicas, no reconocen otro soberano ni rey (a excepción de algunos amigos de la frontera), que a sus caciques particulares, sin retribuirles pensión alguna en señal de vasallaje, no sería desde luego extraño que se les tratase de la paz y amistad con los españoles, con el pacto de las insinuadas excepciones; practicándose lo mismo con los de la frontera de este reino, a fin de que se vayan domesticando, y viendo que nuestras ofertas son ciertas, y nuestra amistad sincera, se procuren españolizar, casándose indios con españolas, y españoles con indias, a cuyo propósito sería oportuno autorizar a los de una y otra nación.

40. Los felices principios, que por efecto de la Providencia, facilitaron la adquisición del terreno en que hoy se halla situado el fuerte de Río Bueno, y establecida la misión que con instancia pidieron sus caciques, en la cual se han percibido ya los frutos que manifiesta el plano de fojas 47 del octavo cuaderno, dan sin duda fundada esperanza de que no acaso se han logrado estas ventajas en cerca de siglo y medio que no se oía la voz del evangelio en aquellas tierras, y de que el Altísimo quiere ya dispensar los arbitrios de que nuestra sagrada religión se plantifique en un terreno, cuyos habitadores se han mostrado hasta aquí contrarios nuestros; y prometen al mismo tiempo unos agigantados progresos en la importante empresa de descubrir las poblaciones que han motivado la resolución de las expediciones de que se trata; y

así sería desde luego reprensible delante de Dios y del mundo, sacar del seno de la barbarie la semilla de la verdadera doctrina que acaba de sembrarse con arreglo a los dogmas de la religión, y a las soberanas y muy piadosas intenciones de nuestros Católicos Monarcas, que solo han anhelado con religioso celo las conquistas espirituales; lo que forzosamente sucedería si se adhiriese a las repetidas instancias que ha hecho el actual gobernador don Pedro Gregorio de Echenique, sobre que se quite y destruya el mencionado fuerte, sin más fundamento que los recelos y desconfianzas que le asisten de la infidelidad de los indios que le pidieron, haciendo con esto retroceder el estandarte de la fe, cuando todos estamos constituidos en la gloriosa obligación de llevarlo, y propender a que se conduzca hasta las extremidades de la tierra. Por estas justas consideraciones que trascienden a las utilidades del estado, no debe mirarse con indiferencia lo que se ha ganado sin violencia, por lo que es indispensable aplicar el hombro a mantener aquel puesto, y sin perjuicio de una prudente economía, sostener, aunque sea a más costa, la guarnición que en él se halla, y aun aumentarla, según se reconozca por los informes del comandante y del padre Misionero, de la disposición de ánimo de los caciques; previniéndoseles con anticipación y sagacidad, que en prueba del aprecio que ha hecho Su Majestad de la voluntaria oblación que le hicieron de aquel terreno, se ha dispuesto remitir algún número más de hombres que los defiendan de sus contrarios.

41. El actual gobernador, no acomodándose a lo que su antecesor practicó en desempeño de su cargo, funda su instancia para la destrucción del fuerte antedicho, no solo en sus recelos y desconfianza de los indios, sino también que estos continúan en su idolatría y vicio de poligamia, igualmente que en los pocos o ningunos progresos que ha hecho

la misión allí establecida. Y aunque acerca de esto último nada tiene que decir el Fiscal, sino poner a la vista de V.S. el plan presentado a fojas 47, por el Reverendo padre procurador general de estas misiones: pero en cuanto a lo demás, no puede menos que recordarle la memoria de lo que dispone la ley 2, título 4, libro 4 de las Recopiladas de estos reinos. En ella verá V.S. cuánta es la prudencia que se previene para semejantes casos, y cuanto conviene la suavidad, y el que no se quiten a los indios las mujeres, ni los ídolos, a fin de que no se escandalicen.

42. Y no solo convendrá que se mantenga este fuerte en Río Bueno, sino también que se construyan otros dos o tres, con cuyo respeto se sostenga el que existe fabricado a instancia de los mismos caciques, bien sea en la inmediaciones de Osorno, o no muy lejos de la provincia de Chiloé, como lo propone el sargento mayor don Lucas de Molina, en el informe que dio con fecha de 30 de marzo de 79, y consta a fojas 10 del octavo cuaderno, o en los parajes que se consideren a propósito: reencargándose muy particularmente al actual gobernador la subsistencia, amparo y refacción del que se halla construido en Río Bueno, por las ventajas que promete igual avanzado establecimiento de nuestros españoles.

43. Y descendiendo al punto del allanamiento del antiguo camino de Osorno, para facilitar la comunicación de la plaza de Valdivia con la provincia de Chiloé, y de la reedificación de la ciudad perdida del mismo nombre de Osorno, a que también se dirigen las expediciones proyectadas, halla el Fiscal, que lejos de perjudicar en lo más leve a los indios, les traen, por el contrario, evidentes ventajas y utilidades. Ellas son bastantemente visibles, y no pueden esconderse aun al más intonso, porque no es posible haya prudente a quien se ofrezca el pensamiento de que conviene a estos infieles conti-

nuar en su infidelidad, y vivir despojados de todos los beneficios que trae consigo la sociedad, y la vida civil y cristiana. Si se mantienen en el estado mismo que ahora se ve, a más de no gozar de los benéficos efectos de una instrucción política, pierden de contado aun la esperanza de La vida eterna, que es lo más precioso y apetecible. Con que debe concluirse, que si alguna razón de conveniencia hay en la apertura del mencionado camino, y reedificación de la antigua ciudad de Osorno, es muy principalmente aplicable a los indios que residen en aquella jurisdicción.

44. Bien ve el Fiscal que nada de esto podrá verificarse, sin una vigorosa oposición de los mismos indios, que, llevados de aquel rencor que profesan a nuestra nación, y del concepto que han formado de que los españoles, si vuelven a poblar sus tierras, los han de reducir a servidumbre o encomiendas, como antes lo hacían, lo resistan. Pero si con anticipación se les advierte que iguales resoluciones y establecimientos se dirigen a su propio bien, por guardarlos de que les insulten los enemigos de la corona de España; y que quedarán gozando de su propia libertad, sin que español alguno les pueda obligar a servir, ni impedirles su libre albedrío, con las otras insinuaciones que quedan referidas en los párrafos 35, 39 y 40, le parece que no será tanta la oposición, pues al cabo tienen alguna luz de razón, con que no pueden dejar de distinguir la realidad de su propia conveniencia.

45. Y cuando estas insinuaciones no les moviesen al voluntario allanamiento, siempre sería justo se verificase la apertura del camino y reedificación de la ciudad, porque nuestros católicos monarcas tienen legítimamente fundado su supremo dominio, aun en las tierras que se hallan ocupadas y pobladas por los indios; pues siendo ellos tan bárbaros, incultos y agrestes, que apenas merecen el nombre de hombres; y ne-

cesitando por lo mismo de quien, tomando su gobierno, amparo y enseñanza a su cargo, los reduzca a vida humana, civil, sociable y política, para que con esto se hagan capaces de poder recibir la fe y religión cristiana, una vez que nuestros mismos soberanos han tomado sobre sí este cargo, no debe dudarse de la legitimidad con que se intenta la sobredicha reedificación, con ese laudable objeto, aun prescindiendo de los otros muchos títulos que legalizan aquel supremo dominio, y no refiere ahora el Fiscal, por ser constantes a V.S., y notorio a todo el mundo, a pesar de la envidia de los extranjeros y herejes que han querido disputarlos.

46. Y si la ejecución de uno y otro proyecto es útil y ventajosa a los indios, según va fundado, no lo es menos para la nación española, y para el estado todo, pues sus resortes son necesariamente la mayor seguridad del reino, sus plazas y fortificaciones, y el remedio de que las de Valdivia y Chiloé se provean de cuanto necesitan para subsistir, siguiéndose de aquí los ahorros de la real hacienda, y el aumento de ella, con adelantarse los comercios.

47. Sobre estos dos puntos tiene ya V.S. mucho avanzado, porque en el expediente formado sobre la apertura del antedicho camino de Osorno, aparece la empeñosa instancia que el año de 763 hizo el vecindario de la provincia de Chiloé, ofreciéndose allanarlo y romperlo a su costa, con tal que se les diese el auxilio de la tropa necesaria. Con esto hay ya un principio de mucha consideración, para verificar el proyecto, que siendo tan importante y útil al estado, igualmente que a la población de Chiloé, debe llevarse a puro y debido efecto, teniéndose presente el informe que el gobernador y Cabildo hizo sobre este asunto en 6 de febrero de 1753, y corre desde fojas 26 hasta fojas 33 del precitado cuaderno, señalado con el número 98.

48. Allí se asienta, que será mejor y muy ventajoso se reedifique la ciudad en la costa, con el fin de que, en el caso de ser insultada por los enemigos de tierra, pueda, con facilidad ser socorrida de la provincia de Chiloé en piraguas, y de la plaza de Valdivia en sus lanchas: y desde luego este pensamiento está conforme con lo que dispone la ley 2, título 5, libro 4 de las Recopiladas de estos reinos, en que se previene, que las tierras que se hubieren de poblar, tengan buenas entradas y salidas, por mar y tierra, de buenos caminos y navegación, para que se pueda entrar y salir fácilmente, comerciar y gobernar, socorrer y defender; pues estando tierra adentro, se haría más difícil, por ser más forzoso a los socorros abrir camino con las armas, y mucho aumento de estas para la seguridad de las escoltas y bajeles que quedasen en el puerto aguardando las resultas. Y sobre el reparo que pudiera hacerse, de que estando la población en la costa se expondría a los insultos del enemigo de Europa, responde muy bien el Cabildo: esto es, si donde hubiere de hacerse hay puerto capaz de fondear navíos, por la misma razón conviene que allí esté la ciudad, para guardarlo y defenderlo, y no dar lugar a que el enemigo se apodere de él: y si no lo hay, está desde luego libre la población de este recelo, pues eso mismo será causa de que no se arrime a la costa; mayormente reinando en ella en los mejores tiempos del año la travesía que les obligará hacerse a la mar, o a perder sus embarcaciones. Por cuyas razones contempla, y con bastante fundamento, que la población se haga y verifique en la costa, en que además sus vecinos podrán disfrutar del beneficio del peje y marisco.

49. Del mismo modo parece oportuna la construcción de un fuerte a la entrada del camino por la parte de los indios Juncos, el cual ha de ser la puerta y seguridad del de aquella provincia, por donde todos han de pasar, y los socorros

y escoltas; y hacer mansión segura para seguir jornada, así los que salgan de la provincia para la ciudad, como los que vayan de ella a la provincia. Y también es indispensable que se fabrique otro fuerte en el paraje donde se fundase la ciudad, para que a su abrigo esté y duerma el vecindario con el correspondiente seguro, e igualmente otros que se consideren precisos, conforme a lo dispuesto por la ley 7.ª del precitado título y libro, según el conocimiento que se adquiera de aquellos terrenos, con la idea de que sea perpetua la población, y el camino expresado. A cuyo propósito deberán los fuertes proveerse de la correspondiente tropa y armas; a que podrá contribuir en gran manera la guarnición destinada a la isla de Juan Fernández, en el caso de que se disponga su translación, como oportunamente lo ha propuesto el capitán don Manuel de Orejuela, cuyas producciones en cuanto a estos puntos, reproduce el Fiscal enteramente, para que V.S. haga de ellas el uso que su perspicaz penetración y consumada pericia militar tuviese, por más acertado y conveniente. Añadiendo que desde ahora contradice una y muchas veces el que los españoles, que hubiesen de entrar a abrir el camino y poblar la ciudad de Osorno, hagan a los indios el más leve daño, ni les tomen cosa ninguna de sus bienes, haciendas, ganados ni frutos, sin que primero se les pague, y dé satisfacción equivalente: procurando que las compras y rescates sean a su voluntad y entera libertad; y pide que sean castigados aquellos que les hicieren mal tratamiento o daño, como expresamente lo previene la ley 8.ª del antedicho título y libro de las Recopiladas de estos reinos.

50. Conoce el Fiscal que las circunstancias actuales de la presente guerra con la nación británica, lo exhausto del real erario, la necesidad de mantener reforzadas las plazas y presidios de este reino, y las inquietudes de él del Perú, de donde

deben venir los correspondientes auxilios, pueden entorpecer la ejecución de las expediciones proyectadas: pero si V.S. reflexiona, que aun después de declarada la guerra se expidió el real orden, fecho en San Ildefonso, a 6 de septiembre de 1779, que se halla a fojas 3 del expediente seguido por el capitán don Manuel de Orejuela, sobre la asignación y goce de su sueldo, en que se le mandó saliese inmediatamente de la corte, y se pusiese en marcha para esta ciudad a cumplir la comisión conferida a esta Capitanía general, verá que la real voluntad es, que se verifiquen dichas expediciones, aun en estas propias circunstancias, aunque sin noticias de las citadas revoluciones del Perú, que han inferido tan crecidos gastos a la real hacienda. Sin embargo de lo cual, como sobre este asunto debe V.S. entenderse con el excelentísimo señor virrey, en conformidad de la enunciada real orden de 29 de diciembre de 1779, puede, siendo servido, hacerle la correspondiente consulta, y proceder de acuerdo con S.E. en la deliberación de este importante y grave negocio; que, en sentir del Fiscal, sería más fácil y expedible si pudiesen verificarse las reales intenciones, y la solicitud de los establecimientos que se desean descubrir, por medio de algunas embarcaciones pequeñas que navegasen por alguno de los ríos que desembocan en el mar y costas de Chiloé. Sobre todo, V.S. con sus acendradas luces, resolverá lo que le parezca más acertado y conforme a las soberanas intenciones de Su Majestad. Santiago, 31 de julio de 1782.

Dr. Pérez de Uriondo.

Libros a la carta

A la carta es un servicio especializado para
empresas,
librerías,
bibliotecas,
editoriales
y centros de enseñanza;
y permite confeccionar libros que, por su formato y concepción, sirven a los propósitos más específicos de estas instituciones.

Las empresas nos encargan ediciones personalizadas para marketing editorial o para regalos institucionales. Y los interesados solicitan, a título personal, ediciones antiguas, o no disponibles en el mercado; y las acompañan con notas y comentarios críticos.

Las ediciones tienen como apoyo un libro de estilo con todo tipo de referencias sobre los criterios de tratamiento tipográfico aplicados a nuestros libros que puede ser consultado en Linkgua-ediciones.com.

Linkgua edita por encargo diferentes versiones de una misma obra con distintos tratamientos ortotipográficos (actualizaciones de carácter divulgativo de un clásico, o versiones estrictamente fieles a la edición original de referencia).

Este servicio de ediciones a la carta le permitirá, si usted se dedica a la enseñanza, tener una forma de hacer pública su interpretación de un texto y, sobre una versión digitalizada «base», usted podrá introducir interpretaciones del texto fuente. Es un tópico que los profesores denuncien en clase los desmanes de una edición, o vayan comentando errores de interpretación de un texto y esta es una solución útil a esa necesidad del mundo académico.

Asimismo publicamos de manera sistemática, en un mismo catálogo, tesis doctorales y actas de congresos académicos, que son distribuidas a través de nuestra Web.

El servicio de «Libros a la carta» funciona de dos formas.

1. Tenemos un fondo de libros digitalizados que usted puede personalizar en tiradas de al menos cinco ejemplares. Estas personalizaciones pueden ser de todo tipo: añadir notas de clase para uso de un grupo de estudiantes, introducir logos corporativos para uso con fines de marketing empresarial, etc. etc.

2. Buscamos libros descatalogados de otras editoriales y los reeditamos en tiradas cortas a petición de un cliente.

www.ingramcontent.com/pod-product-compliance
Lightning Source LLC
Chambersburg PA
CBHW030730150426
42813CB00051B/393